JN249532

ガバナンスと評価　**1**

公共部門における 評価と統制

橋本 圭多 著

晃洋書房

目　次

序　章　|　評価の氾濫と混乱

╂　1．評価が氾濫する時代

　公共部門における評価実務は，あらゆる統制活動を包摂する概念として，その存在意義をますます強固なものにしている．日本の中央府省では政策評価制度の導入が注目されるようになったが，それ以前にも政府開発援助や研究開発などの分野で先行して評価が実施されてきている．地方自治体でも三重県の事務事業評価を契機として行政評価が全国で導入されていったが，それ以前から他の地方自治体でも事務事業の点検活動として評価の取り組みが行われている．複雑化する政策課題に対応するために，評価は早い時期から取り組まれており，今日までにその精緻化を進めてきている．

　日本語の「評価」に対応する英語は 'evaluation' であり，*Oxford English Dictionary*（オックスフォード英語辞典）第 2 版によれば1755年にはその使用が確認されている．当初は保険業における掛け金の見積もりといった文脈で用いられていた．また，1780年には数式や物理量の値を決定することという意味で，そして1828年には確率や根拠の説得力を見積もることという意味での使用も確認できる．また関連用語として，'evaluation research' が1966年の著書を例に挙げられており，当時すでに学術領域および実践活動として評価が認識されていたことを示している．

　公共部門で評価が制度的に取り組まれるようになったのは，アメリカの会計

検査院がプログラム評価（program evaluation）の手法を採用してからである．従来の監査手法のみならず，多様な社会科学的手法を背景に持つ評価手法を用いるようになったことで，法的責任や会計責任の確認に限定されない政策過程全般への統制活動が可能となった．それは，政策に関する形式的なプロセスチェックの次元から，政策の内容や効果に対する実質的な検証の次元へと，公共部門の統制活動が大きく変容したことを意味している．

　他方，公共部門における管理の問題もまた評価の射程へと含められるようになった．1960年代から1970年代初頭にかけてアメリカで取り組まれた PPBS（Planning-Programming-Budgeting System）は政策効果の事前分析を通じて予算の最適化を意図していたし，1980年代にイギリスで見られた新公共経営（New Public Management: NPM）は行政改革の取り組みとして予算支出に対する組織活動の効率性を追求していた．業績指標の測定を用いた管理のあり方は，その後1993年にアメリカで法制化された政府業績成果法の取り組みや日本の政策評価制度にも現れている．

　評価実務の制度化によって，公共部門における統制活動は管理としての性格を強めてきている．管理の対象は形式的なプロセスチェックの次元から実質的な政策検証の次元まで広範に及んでおり，今日の統制環境は複雑化の一途をたどっている．評価と管理の強い結びつきが，日本では多様な統制活動が「評価」として呼ばれる現状として現れている．日本の評価実務では，管理の側面が強調されることでいくつかの問題が生じている．たとえば，評価される側に対する権力的作用，評価作業へ資源を注力することによる「評価疲れ」の問題，政策過程における形式面と実質面の双方に対する統制活動の混同などとして現れている．

　評価をする側とされる側という関係性に着目した場合，これらの問題は両者の認識上の差異として現れる．たとえば，ある専門領域の現場に対して行政が評価を行う際には，行政の側はそもそも専門的な判断を行うための人的資源を有していないため，現場の側で作成された評価結果に依拠して判断を行うこと

になる．この際，現場の側は評価結果が自らの存在意義や活動の実質的な成果を強調したり，当該領域に関する政策の改善につながることを期待したりするかもしれない．他方で，行政の側は評価結果を計画の進行管理やアカウンタビリティの追及など，あくまで形式面での確認作業のための手段として用いることになる．評価結果が意思決定に用いられる場合でも，現場の側を評価主体ではなくあくまでデータ提供者としてみなすことで，評価自体が権力関係を固定化してしまう懸念がある．

＋ 2．混乱をどう読み解くのか

　本書では，評価実務が包摂している多様な側面を理解するために，各章において二項的な概念分類（業績測定／プログラム評価，監査／評価，定量的手法／定性的手法，従来型評価／参加型評価など）を用いて分析を行う．実際の評価実務はこのように純粋に区別されるものではないが，その眼目は評価実務の複雑性を理解する上での理念型を提示することにある．評価が実務においてどのように受容され取り組まれているのかについては，国や時代によって異なれば，政策領域や個々の文脈によっても異なる．したがって，本書では，二項的な分析視角を用いることで評価それ自体が実務においてどのようにして中心的な役割を引き受けているのかを明らかにする．また，評価をする側とされる側という関係性と，そこでの評価の中心的な役割について理解するために，日本の公共部門におけるいくつかの事例についても検討する．

　本書の構成は以下のとおりである．第1章では，日本の評価制度を念頭に，行政において管理評価が主流となった要因を説明することを試みる．NPMの言説に見られるように，政府内の分権化の帰結として，公共部門におけるガバナンスのあり方は外部統制から内部統制へと移行してきている．内部統制の一環として評価が取り組まれることで，管理評価の側面が評価実務の主流を占めるようになったと考えられる．同時に，評価の多元化と重層化という形で評価

実務が複雑化する原因となったことを指摘している．

　第2章では，監査と評価の理論上の区別について明らかにした上で，監査の考え方が評価実務においてどのように混入してきたのかを論じる．アメリカでは会計検査院がプログラム評価を採用したことで監査と評価の融合が進められたが，他方で監査において内部統制を強調する動きが背景にあったことを指摘することができる．内部統制が整備されることで，監査がこれまでに対象としてきた法令遵守や会計の適切さを確認する作業を代替し，政策の業績を確認する活動として監査が用いられるようになったのである．この動きは，監査の適用範囲の拡大として理解することができる一方で，監査と評価の区別を曖昧にしたと考えられる．

　第3章では，事例研究として，男女共同参画政策の評価について検討する．日本の地方自治体では男女共同参画政策を推進するために，地方自治体の担当部局（男女共同参画所管課など）と拠点施設（女性センターや男女共同参画センターなど）によって業績測定を中心とした評価が取り組まれている．両者は評価をする側とされる側の関係にあり，管理評価の問題点を理解することができる．また，男女共同参画計画の進行管理として評価が用いられていることも管理評価としての側面を特徴づけている．

　第4章では，もうひとつの事例研究として，沖縄振興予算の評価について検討する．中央政府の沖縄政策を遂行するための手段として中心的な位置を占める沖縄振興予算は，平成24年の沖縄振興特別措置法改正に伴い独自の評価制度を導入している．この評価は予算の適正執行を目的として行うものと理解されているが，これらの評価結果は沖縄振興計画の進行管理や中央政府の政策評価に対する情報提供として用いられている．このことは中央政府による沖縄への統制を強調する反面，沖縄振興予算の複雑性に起因した透明性と統制可能性の低下というジレンマ的状況をもたらしている．

　第5章では，定量的手法と定性的手法という評価研究の方法論を手がかりに，アクター間で評価の活用に対する理解が異なる原因について検討する．1970年

代から1980年代にかけて定量的手法に対する批判が定性的手法の側から行われ，これらは定量／定性論争として認識されている．両手法の違いはそれぞれ実証主義と構成主義というパラダイムの対立として理解され，その後はパラダイム間の相違を克服するために評価デザインや評価手法のレベルでの統合が模索されてきた．混合手法と呼ばれるアプローチからの統合が評価実務でも見られ，アクター間で評価の共通言語を構築するための手がかりになると考えられる．

　第6章では，参加型評価の可能性について，従来型のプログラム評価との対比を用いながら検討する．評価の目的は大きく2つに分けることができ，ひとつがアカウンタビリティの追及を目的とする総括的評価，もうひとつが利害関係者の学習やプログラムの改善を目的とする形成的評価である．従来型のプログラム評価が前者の総括的評価によって特徴づけられるのに対して，参加型評価は後者の形成的評価によって特徴づけられる．アカウンタビリティを目的とした評価には否定的な側面が指摘されており，たとえば当事者同士の敵対関係を促したりイノベーションを阻害したりすることが考えられる．参加型評価によって，当事者同士の協調関係を促進したり改善や学習のための知見を生み出すことができると思われる．総括的評価が主流となっている日本の評価実務に対するひとつの処方となる可能性がある．

　本書の最後では，終章として，本書全体に関する知見の要約と本書の意義について述べる．また，本書の射程と限界を踏まえた上で，積み残された課題と今後の展望について述べる．

第1章 ｜ 行政における管理評価の主流化

✛ は じ め に

　公共部門における評価制度は，国や時代ごとに異なる政治的社会的影響を受けている．たとえば，1970年代にアメリカの会計検査院で採用されたプログラム評価は，当時増大する政府プログラムの成果を判断するためのツールとして導入された．あるいは，1980年代のイギリスで見られた新公共経営（New Public Management: NPM）の取り組みは，福祉国家や石油危機に伴う財政支出の増大に対するサッチャー政権の改革の一環として行われた．そして，2001年に法制化された日本の政策評価制度は，いわゆる橋本行革を受けて導入されたのである．

　今日までにさまざまな国で評価制度が導入されているが，世界的な潮流としては行政改革とともに普及したNPMの考え方が評価制度に影響を与えている．小さな政府や新自由主義をイデオロギーに持つNPMは，「国家介入の排除」や「管理の自由」あるいは「市場原理の導入」を謳うことで政府外への権限委譲を進める原動力となった．しかし，実際には「政府内規制の増大」[Hood 1999]のように逆行した状況が指摘されている．政府の統治においてNPMの考え方が取り入れられたのに応じて，権限の委譲先を統制するツールとして評価への需要が高まったのである．

　NPMの考え方に基づく管理中心の評価制度は，いわゆる節約（economy）や

効率（efficiency）といった価値を中心に運用される傾向にある．そこでは，政策の有効性（effectiveness）や，政策に反映されている政治的な価値観が明らかにされない恐れがある．政策が有する問題点を管理評価の次元に落としこむことで，評価がもたらす政策判断や政治判断は回避されることになる．たとえば，国が補助金を交付する際には財政民主主義の観点からアカウンタビリティの確保が要請されるが，配分の妥当性は管理評価による検証を通じて正当化されることになる．管理評価では，政策内容の妥当性や有効性に関する判断が十分に行われない．

　本章では，以上のような問題認識のもと，日本の評価制度を中心に管理評価が主流となった背景を検討する．NPM の考え方による評価の問題点についてはすでに多くの研究で指摘がなされている．本章では評価の「多元化」と「重層化」をキーワードに，管理評価の問題点が日本の評価制度にどのように反映されているのかを検討する．

＋ 1．管理評価の主流化

（1）行政改革と評価の普及

　政府における評価には，大きく分けて 3 つの種類がある．すなわち，1960 年代から 1970 年代初頭にかけてアメリカで取り組まれた PPBS（Planning-Programming-Budgeting System）に代表される政策分析（policy analysis），1970 年代にアメリカの会計検査院が採用したプログラム評価（program evaluation），1980 年代以降のイギリスやアメリカで普及した業績測定（performance measure-ment）である［梅田・小野・中泉 2004：147-52］．

　政策分析は，当時ラスウェルが提唱した政策科学（policy sciences）の中で出てきた考え方である．そこでは，政府が取り得るべき複数の代替案の効果を事前に予測して比較することで，もっとも効果的な政策決定を行う．代表例はPPBS と呼ばれる手法であり，予算編成における合理的な意思決定を目指して

アメリカで開発された．PPBS ではアメリカのランド研究所が開発したシステム分析の手法が用いられており，当時のマクナマラ国防長官が1963年度国防予算の編成に採用してから1971年に廃止されるまで用いられた．これらの動きは日本にも影響を与え，当時は PPBS に関する研究が積極的に行われていた［宮川編 1969］．

PPBS は，前年度の実績に基づいて次年度の予算編成を行う漸進主義（incrementalism）に対して，計画に基づいて予算編成を行う合理的な意思決定方式として注目された．漸進主義が前年度の実績をもとに変更箇所のみを判断すればよいのに対して，PPBS では一から予算を検討する必要があり，複数の代替案の検討も含めればその作業量は膨大となる．さらに，PPBS では政治的利益に基づく予算配分が合理性を欠くものとして判断されるため，連邦議会の議員からひんしゅくを買うことになり，PPBS は1971年に廃止された．

PPBS の退潮と比例して現れたのがプログラム評価である．プログラム評価は，1967年の経済機会法修正を契機としてアメリカの会計検査院である GAO（General Accounting Office, 現在は Government Accountability Office）で導入された手法であり，1970年代になって積極的に用いられた［益田 2010：39］．プログラム評価はいくつかの点において PPBS より後退している．第 1 に，PPBS が事前評価として行われていたのに対し，プログラム評価は事後評価として行われた［Schick 1971］．第 2 に，PPBS が複数の代替案を検討して効果的な選択肢を導き出そうとしていたのに対し，プログラム評価ではひとつの政策の効果だけでも確認しようとしている［西尾 1976］．PPBS が求める予測技術を現実に適用することには困難があったため，プログラム評価では適用可能な水準へと戦略的に後退したのである．

1980年代になると，アメリカのレーガン政権やイギリスのサッチャー政権において財政問題が浮上し，効率的な政府が求められるようになる．いわゆる「小さな政府」を志向する新自由主義あるいは新保守主義の台頭である．社会サービスの提供を目的とした政府プログラムや石油危機の影響が財政赤字を増

大させたことから，その削減を目指して行政改革が行われることになったのである．そこでの主要なツールとして用いられたのが業績測定である．サッチャー政権では，業績測定が現場レベルでの生産性を監視し改善するために用いられた．このアイデアは，クリントン政権下で1993年に成立した政府業績成果法（Government Performance and Results Act: GPRA），日本の中央府省における政策評価制度や地方自治体における行政評価にも波及していくことになる．

　プログラム評価と業績測定はそのルーツも手法も異なるが，両者は実務において混在して用いられている．たとえば，日本の中央府省における政策評価制度は，プログラム評価を「総合評価方式」として，また業績測定を「実績評価方式」として定めており，地方自治体における行政評価もその実態はプログラム評価ではなく業績測定である．

　業績測定の特徴は，ロジックモデルおよび業績（performance）の２つの概念を用いることで理解することができる．ロジックモデルとは，政府活動のインプット（資金や人などの資源を投入する局面），アウトプット（行政が行った活動量を把握する局面），アウトカム（行政が行った活動によって政策目標がどの程度達成されたのかを把握する局面），インパクト（達成されたアウトカムが社会に波及する局面）という公共政策の一連の流れを示すモデルである．

　政府が果たすべき業績については，公監査分野における業績監査の中で議論の蓄積がある．業績監査とは，経済性（economy），効率性（efficiency），有効性（effectiveness）の観点から組織活動を確認する作業である．経済性とは最小のコストで適正な質の資源を獲得することをいい，効率性とはある部門（あるいは事業計画）に充てた資源から最大のアウトプットを獲得するようにすることをいい，有効性とはある活動からのアウトプットが期待された結果を達成することをいう［Glynn 1985：29-30：邦訳 30-31］．先のロジックモデルに照らせば，インプットの最小化に焦点をあてるのが経済性の議論であり，アウトプットの最大化に焦点をあてるのが効率性の議論であり，アウトカムの最大化に焦点をあてるのが有効性の議論である（図1-1）．

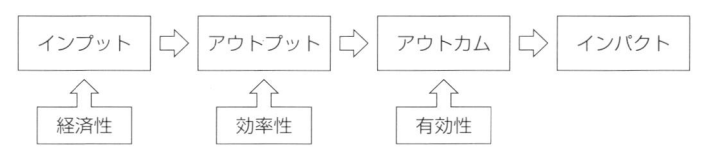

図1-1　ロジックモデルと業績の対応関係

出典：筆者作成.

表1-1　業績測定とプログラム評価の比較

	業績測定	プログラム評価
分析の単位	プログラムのアウトプット	プログラムのアウトカムかインパクト
主たる目的	外部への報告	プログラムと政策の改善
視　点	財務／内部管理	政策とプランニング
使用する手法	測定	応用社会科学としての評価研究．参与観察，インタビュー，フォーカス・グループ・ディスカッション，問題分析ツリー，社会分析などの質的手法・費用便益分析に代表される量的手法.
データの利用方法	プログラムを管理する者と外部の利害関係者（受益者・納税者）に情報をフィードバックする.	プログラムのアウトカムとインパクトに関する情報を，政策作成者やプランナーにフィードバックする.
求められるもの	定点観測，経常監視	変化に向けて必要な情報

出典：山谷［2012：103］.

　業績測定は，ロジックモデルのうちアウトプットを測定の中心としている［山谷 2012：103］．業績測定とプログラム評価を比較すれば，業績測定はプログラムの実施に伴う組織活動を指標化して測定するのに対し，プログラム評価はプログラムがもたらしたアウトカムやインパクトを社会科学的手法を用いて明らかにする（表1-1）．どちらも情報をフィードバックする点では共通するが，プログラム評価がプログラム自体の改善に重きを置くのに対し，業績測定はプログラムを実施する組織管理の改善に重きを置く.

　他方，業績測定の対象をアウトカムにまで広げて定義する見解もある．ハトリーは業績測定を「サービスあるいはプログラムのアウトカムや効率を定期的

に測定すること」［Hatry 1999：3；邦訳 3］と定義している．ハトリーはアウト
カムを中間アウトカム（最終結果につながる見込みである暫定的な達成事項）と最終
アウトカム（プログラムが最終的に達成しようとしている目標）として区別し，それ
ぞれについてアウトカム指標を設定する．たとえば禁煙プログラムの場合，プ
ログラムに喫煙者が参加し修了することが中間アウトカムであり，喫煙者が禁
煙し健康状態が改善されることが最終アウトカムである．中間アウトカムを考
慮する理由は，最終アウトカムよりもタイムリーな情報提供が可能であり（た
とえば顧客が就職相談プログラムを受ける（中間アウトカム）のは実際に雇用機会を得る
（最終アウトカム）前である），またプログラムが直接的な影響を及ぼすのは中間ア
ウトカムの方であるからである［Hatry 1999：19；邦訳 23］．

　アウトカム指標の設定は実務でも見られる．たとえば内閣府の男女共同参画
局は，第 4 次男女共同参画基本計画の中で「公務員や民間企業の女性登用率」
や「男性の育児休業取得率」といった指標を用いて，期間内に達成すべき成果
目標を定めている．地方自治体の行政評価でも，成果指標（アウトカム指標）と
活動指標（アウトプット指標）といったように区別している例がある．また，国
際連合が国際社会共通の目標として定めたミレニアム開発目標（MDGs）は，
開発分野における貧困や教育などの問題に対して，「1 日1.25ドル未満で生活
する人口の割合」や「初等教育における純就学率」といった指標を設定してい
る．

　プログラム評価が因果関係の解明を重視するのと対照的に，業績測定ではイ
ンプットに対するアウトプットまたはアウトカムの最大化を重視している[1]．業
績測定はロジックモデルで示された因果関係を所与としており，実施したプロ
グラムが最終アウトカムに至るまでのメカニズムを解明せず，また最終アウト
カムに影響を与える外部要因も考慮しない．また，測定が難しいアウトカム
（犯罪・火災・児童虐待・病気などの予防プログラムや，アウトカムが得られるまでに長期
間を要する基礎研究や長期計画活動など）も存在するため，プログラム評価の方が
望ましい場合もある［Hatry 1999：65-69；邦訳 80-83］．プログラム評価と業績測

定は相反するよりはむしろ相互補完的な関係にある［Hunter and Nielsen 2013］.

　効率性の観点からロジックモデルのあらゆる局面を把握できる業績測定は，その簡便さや費用の少なさを理由に，管理への需要と並行して広く導入された．パフォーマンス・ムーブメントといわれる世界的潮流が OECD 諸国の NPM 改革として現れ，日本では橋本行革の一部として結実することになった．橋本行革の目玉のひとつは政策評価制度の導入であり，そこでは政策の立案部門（中央府省）と実施部門（実施庁，独立行政法人，地方公共団体）の 2 つに分けて，立案部門は政策評価を，実施部門では業績測定を行うことが謳われたが，小泉政権における骨太方針や地方財政の健全化に伴い業績測定は費用削減のツールとして地方自治体に波及した［山谷 2016］.　地方自治体では行政評価のほか地方独立行政法人評価や指定管理者評価などでも業績測定が用いられ，中央府省では近年の目標管理型政策評価として現れている．

（2）理論的背景

　イギリスの政治学者フッドによる1991年の論文は，NPM を体系的に整理した業績として参照されている．フッドはそれまでのサッチャー改革を踏まえて，NPM を批判的な検討対象として位置づけている．フッドは NPM を，新制度派経済学とマネジリアリズム（行政における民間経営手法の導入）の結婚であると表現している［Hood 1991：5］.　NPM では権限委譲に伴う管理統制と裁量付与が同居しており，伝統的な官僚制と対置される新しい統治の形態として捉えられた．NPM は，政府におけるガバナンスの発展やそれに伴う評価への需要の結果として表れたのである．

　他方，アメリカでは，行政改革における民間経営手法導入の意義を説いた *Reinventing Government*（政府を再発明する）が1992年に出版されてベストセラーとなり，日本でも『行政革命』の邦題で出版されている［Osborne and Gaebler 1992］.　この本が示す行政改革の方向性とは，企業家精神，権限付与，競争，使命重視，成果重視，顧客志向，業績，企業化，分権化，市場志向，船漕ぎよ

りも舵取り（steering rather than rowing）の強調などである．これらの考え方はクリントン政権下で着手されたナショナル・パフォーマンス・レビューや政府業績成果法の考え方に反映されており，NPM の考え方と共通している．

　NPM は，従来の官僚制をめぐる議論が想起させる行政の繁文縟礼的なイメージに対して転換を迫る考え方である．「『行政』をめぐる伝統的な官僚制の理念と対比して，民間部門においてそれが現れたのと同じ理由で，公共部門において『結果』『業績』『成果』への増大する関心を発展させてきた」［Aucoin 1988：152］のである．この考え方は，たとえば橋本行革における独立行政法人制度の創設にも現れている．1997年の行政改革会議最終報告では，「主務大臣の監督・関与を制限することにより，法人運営の細部にわたる事前関与・統制を極力排し，組織運営上の裁量・自律性（インセンティブ制度）を可能な限り拡大することにより（中略）成果の達成を重視する事後チェックへ重点の移行を図る」と謳われている[2]．従来の官僚制における法令遵守や手続重視ではなく，成果の達成状況によって判断を行うこと，すなわち手続志向から成果志向への転換が NPM の要諦であった．

　しかし実際は，NPM が当初の想定とは反対の状況を生み出していることが指摘されている．「複雑な業績レビューの手続と契約主義の法的文化は，過去の規則中心的な官僚制度のもとで生じるのと同等以上の取引費用を生み出している」［Gregory 2012：692］．成果を確認するための評価実務は，その内容を充実させるほど手続が複雑になる．さらに，独立行政法人や民間委託のように行政と委託受託関係にある場合には相応の監視費用が発生することになる．この場合の評価対象は，補助金の適正執行から政策効果の発現まで多岐にわたるだろう．

　NPM の言説が実際に現れているのが，政府における内部統制（internal control）である．内部統制とは，組織内部における不正を防止するために構築される統制活動を指す．内部統制のあり方を定めたものとして有名なのが，アメリカのトレッドウェイ委員会組織委員会（COSO）が1992年に定めた内部統制

フレームワークである．COSO の内部統制フレームワークは民間企業を対象にしているが，最高会計検査機関国際組織（INTOSAI）が定める内部統制基準ガイドライン（INTOSAI GOV 9100）も準拠している．COSO の内部統制フレームワークの考え方は，アメリカやイギリスなど各国の内部統制基準で参照されている［東 2010］.

　内部統制の構築には，業務や財務にかかる法令やガイドラインの整備，倫理綱領の規定，内部監査部局の設置，監察官（inspector）の設置，年次計画の策定，内部通報制度の整備，情報システムの統制などさまざまな方法が考えられる．公共部門における統制の形態は国によって異なるが，これまでの事前統制や外部統制に加えて，事後統制や内部統制への移行が進んでいる［OECD 2005：102；邦訳 136］．OECD はこれらの移行の要因として，「政府の規模の成長」「政府の複雑さの成長（たとえば，社会問題を是正しようとする政府）」「効率性と取引の監視を向上させる技術の出現」「法に対する単純な遵守より，むしろ政府の業績に対する焦点の増加」「より顧客に近い政府単位への意思決定権限への委譲の増加」「執行エージェンシー，下位レベルの政府および政府外の第三者（たとえば，銀行）のように，直接政府の統制が及ばない外部の主体によるサービス提供の活用」を挙げている［OECD 2005：88；邦訳 119］.

　OECD 諸国では，内部統制はおもに財務的な側面を中心として構築されているが，業績情報の量が増加するにともない，非財務的な側面として業績志向の評価や監査が行われるようになっている［OECD 2005：90-92；邦訳 122-24］.監査理論においては，内部監査をはじめとする内部統制が適切に構築されることで，最高会計検査機関が行う外部監査において全取引を監査することを回避したり業績を確認することに注力したりすることが可能となると理解されている［Posner and Shahan 2014：489］．ただし，内部統制は財務に関する外部統制の役割を引き受けるだけではなく，業績に関する統制もあわせて行っている.

　業績に関する統制の手段として，監査や評価が用いられることになる．最高会計検査機関による外部統制として行われる業績監査は，多くの先進諸国で採

用されている．また，評価についても，アメリカのように最高会計検査機関によって実施されるプログラム評価は外部統制に類型されるが，日本のように行政機関自らが行う政策評価は内部統制に類型されるだろう．日本の政策評価制度が業績測定を中心とする管理評価として行われるようになった背景には，業績に関する内部統制の手段として政策評価への需要があったと考えられる．

　政府内の分権化が進むことで，業績情報を確認するために積極的に用いられるようになったのが業績測定である．日本では国の政策評価や独立行政法人評価，地方自治体の行政評価，指定管理者評価など，さまざまな場面において業績測定が用いられている．業績測定はロジックモデルのあらゆる局面に適用することが理論上可能であるため，会計や人事に関する内部管理事務，事業の活動結果，中長期的な政策効果など，さまざまな事項が対象となる．業績測定を中心とする評価制度では，それが政策を対象とするのか組織管理を対象とするのかを判別することは実務上困難である．

　政策と組織管理とのあいだの関係については，西尾の「政策評価と管理評価」で整理が試みられている．西尾はイギリスのマネジメント・レビューを踏まえて管理概念の整理を試みている．西尾はチェスター・バーナードの議論を手がかりに，組織の管理を「第一次的業務というべき目的活動を効率的能率的に達成できるようにするために，組織態勢そのものの維持発展をはかる組織の第二次的業務」と定義している［西尾 1976：1］．イギリスのマネジメント・レビューは政策評価を促進する組織態勢を整備することを狙いとしており，その意味で政策評価ではなく管理評価である．日本ではこの点が未整理なまま政策評価制度が導入されたために混乱が発生したとの指摘もある［山谷 2012：46］．

　政策評価と管理評価の区別がもっとも曖昧になるのは「有効性」の概念においてである．たとえば，アメリカの GAO によるプログラム評価では政策効果の発現状況が有効性を判断する尺度となるが，イギリスの最高会計検査機関である NAO（National Audit Office）による VFM 監査（value for money audit）では内部統制を含む管理制度全般が機能しているかどうかが有効性を判断する尺度

となる．有効性の概念が異なる背景には，GAO が「拡張」しつつある連邦政府プログラムの実行を監視するという役割を有していたのに対し，NAO は財政上の「制約」という文脈において浪費や非効率の改革プロセスを推進する役割を形成していたからである［Power 1997：151；邦訳 71］．国や時代によって政治的社会的背景が異なるため，実際の評価実務もその目的はさまざまである．

＋　2．日本における評価制度のデザイン

（1）評価の多元化と重層化

日本の評価制度として中央府省における政策評価や地方自治体における行政評価を挙げることができるが，実際にはそれ以外にも多様な評価活動が行われている．そして，評価が「評価をする側」と「評価をされる側」という関係によって規定される営みであることから，それらのありようは多元的かつ重層的である．そこで，国—地方自治体，組織単独的—組織横断的という 2 つの軸を設定することで評価制度を整理してみたい（図1‐2）．

第 1 が，国における組織単独的な評価である．「政策評価」は総務省が制度を所管する全府省的な取り組みであるが，評価自体は各府省ごとの自己評価として行われている．各府省の中では，事業担当部局が評価結果を提供し，評価担当部局がとりまとめを行っている．「行政事業レビュー」において各府省が行う公開プロセスも，事業担当部局が作成し外部有識者が点検するという意味でこの類型に含まれるだろう．あるいは，府省の各部局が個別に行う公表を前提としない「調査・分析」もここに含まれる．ほかにも，政策評価が制度化される前から行われていた「研究開発評価」も，政府全体で実施されているものの各府省個別的な取り組みである．外務省を中心に行われてきた「ODA 評価」も同様に含まれるだろう．

第 2 が，国における組織横断的な評価である．政策評価のうち総務省による「客観性担保評価活動」は，各府省が実施した政策評価結果を点検する作業で

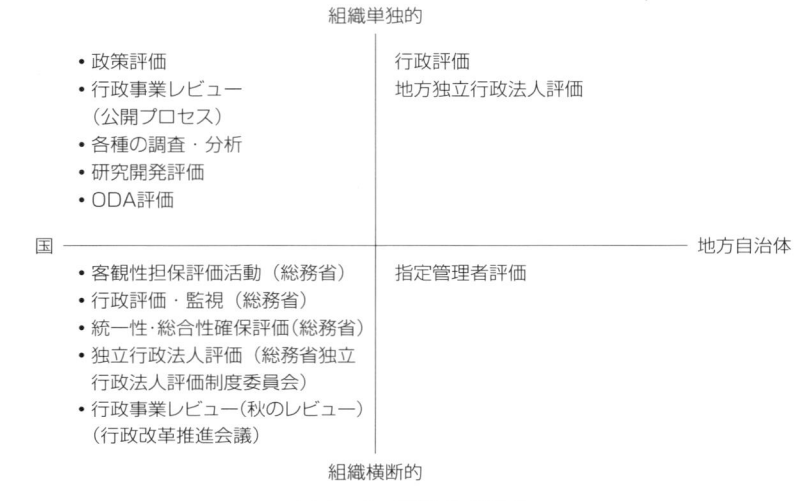

組織単独的

• 政策評価　　　　　　　　　行政評価
• 行政事業レビュー　　　　　地方独立行政法人評価
　（公開プロセス）
• 各種の調査・分析
• 研究開発評価
• ODA評価

国 ──────────────────────────────── 地方自治体

• 客観性担保評価活動（総務省）　指定管理者評価
• 行政評価・監視（総務省）
• 統一性・総合性確保評価（総務省）
• 独立行政法人評価（総務省独立
　行政法人評価制度委員会）
• 行政事業レビュー（秋のレビュー）
　（行政改革推進会議）

組織横断的

図1‐2　評価の多元化

出典：筆者作成.

ある．「行政評価・監視」と「統一性・総合性確保評価」は，総務省がテーマを選定して個別または複数の府省を対象に行う調査活動である．「独立行政法人評価」は，各府省が所管する独立行政法人に対して主務大臣が目標策定と評価を行い，それを総務省におかれる独立行政法人評価制度委員会が第三者機関として確認する制度である．「行政事業レビュー」において行政改革推進会議が行う秋のレビューも，各府省が作成したレビューシートに対する外部からの公開検証という点でこの類型に含まれるだろう．

　第3が，地方自治体における組織単独的な評価である．「行政評価」は全国の地方自治体で実施されており，事業の効率化や市民への情報公開などを目的として取り組まれている．「地方独立行政法人評価」では，地方の病院や大学あるいは研究施設などの地方独立行政法人自らが，法の規定に基づいて評価委員会を設置し業務実績に関する評価を行っている．

　第4が，地方自治体における組織横断的な評価である．「指定管理者評価」は，地方自治体が指定管理者制度によって公の施設の運営を委託した民間企業

や NPO に対して，採択時における応募内容の評価比較や年度終了時における運営状況の点検評価が行われている．指定管理者に限らず業務委託先など自治体外部の団体に対する評価が行われることもあり，たとえば男女共同参画政策担当課による女性センターの評価を挙げることができる．

　さらに，これらの類型から外れることになるが，国と地方自治体とのあいだで行われる評価も存在する．各府省が行う補助金事業は行政の内部文書である要綱に基づいて行われることが多いが，その中で評価の実施が求められる場合がある．補助金の透明性確保や効果の把握などを意図していると考えられる．また，組織の内部と外部の線引きは曖昧であり，外部評価委員会や委託先のコンサルタントが行う評価を組織単独的な評価として位置づけられるかは議論があるだろう．評価実務は個々の文脈に応じて多様であり，おおまかには類型化できたとしても厳密な定義や類型化を行うことは困難が伴う．

　日本の公共部門において評価が多元的に行われる理由はいくつか考えられる．第 1 に，NPM の影響である．南島は，政府部門から外部化された組織への監視強化（市場型 NPM）と，内部統制や目標管理といった民間経営手法の導入（企業型 NPM）が，「評価官僚制」や「統制の多元化」といった現象を引き起こしていることを指摘している［南島 2009］．公共部門で複数の統制が錯綜するのは，企業経営では経常利益の増減が最終的な規律点になるのに対して，公共部門においては判断すべき点が曖昧だからである［南島 2009：23］．

　この具体例として，外務省で行われていた 6 つの評価を挙げることができる［山谷 2006：62-63］．山谷によれば，2003年末に外務省で行われていた評価として，政策評価法に基づく「政策評価」，外務省と JICA，JBIC で行われていた「ODA 評価」，JICA をはじめとする独立行政法人の効率的な運用を目的とする「独立行政法人評価」，総務省の行政評価・監視や日常的な業務評価などの「行政評価」，各部局が調査・分析として行う「個別評価」，外部有識者を招請して議論を行わせる「外交政策評価パネル」があった．これらの評価は，その目的からして異なり，それぞれ別の運用が行われている．

　第2に，評価の単位の問題である．評価の対象となる事務事業は予算の単位と同様である．したがって，プログラムとなるはずである施策レベルの評価を行うとしても，そこに明確なプログラムが存在することは少なく，事業の「束」にすぎない抽象的な施策の評価に終始してしまうことになる．また，予算単位であることが，財務面での節約や効率性，補助金に対する統制といった側面を強調することになる．予算単位でなくプログラム単位で評価を行うためには，従来の抽象的な施策ではなく，操作化されたプログラムを構築する必要があるだろう．

　第3に，日本語の「評価」が多義的に用いられていることも指摘できる．日本語の「評価」に対応する英語は 'evaluation' である．しかし，日本語の「評価」は英語よりも多義的である．山谷は「評価」に類似する活動として，判断する（judge），価値判断する（value），評定（rating），優劣をつけること（ranking），比べる（compare），見積もる・価格づける（estimate），格付・等級づけ（rating），定量化する（quantify），事実関係を書き記す（describe），並べて，全体を総覧する（review），分析（analysis），分類する（classify），はかる（測る・量る measure），全部を見回して調査する（survey），調べる・調査研究する（research），試す（test/experiment），精査する・あらを探す（investigate），検査する（audit），振り返る（reconsider），議論する（argue），「評価する」・褒める（appreciate），値踏みする（appraise），事前予測する（forecast），事前評価する（assess）を列挙している［山谷 2012：11］．公共部門では評価と呼ばれる活動がこのようにさまざまに取り組まれている．とりわけ，評価に関する理論研究の中で議論されてきたのが，'evaluation' と 'audit' との関係である．アメリカのGAO がプログラム評価を採用したように，両者の違いは実務では曖昧である．評価における手続や財務面の重視，節約や効率性の強調は，監査の特徴と符合している．業績監査とは，評価の担い手が最高会計検査機関であるからその名称が付されているのであり，その内実においてはプログラム評価と相違ないのだから「監査」と称するのは誤称であるとの指摘もある［Barzeley 1996：19］．

　これらの理由を踏まえれば，評価が多元的に実施されている状況で，評価の厳密な定義や類型を求めるアプローチをとることは適切ではないと考えられる．評価のプロトタイプとして参照されるアメリカの事例も，評価において NPM の影響が強いとされたイギリスの事例も，共通項をある程度はくくり出すことができても，そこでの定義や類型を日本の評価実務へ純粋には当てはめることはできない．論者が対象とする国，時代，組織をどのように設定するのか，そしてどこまでを評価として認識するのかによって，その結果は異なってくると思われる．むしろ求められるのは，それぞれ異なる文脈や状況において，評価という考え方がいかにして中心的な役割を引き受けているのかを明らかにすることであるだろう．

　評価の実態を明らかにしようとする際に直面するのが，評価主体をめぐる問題である．評価の構造を観念すれば，「評価をする側」と「評価をされる側」という構造が一般的には想起される．しかし，そこでの営みは「評価をする側」から「評価をされる側」に対する一方向的な評価では必ずしもない．とくに，日本の公共部門における評価は，「評価をされる側」が自己評価を行い，「評価をする側」はそれらの評価結果を踏まえてメタ評価を行うといったように，重層的に行われているのが特徴である．「評価をする」といった場合に，それが評価結果を一次的に産出することを指すのか，あるいは産出された評価結果を二次的に利用して判断を行うことを指すのかを区別して考える必要がある（図1-3）．

　組織外部から行われるメタ評価が組織内部の自己評価に依存する構造は，業

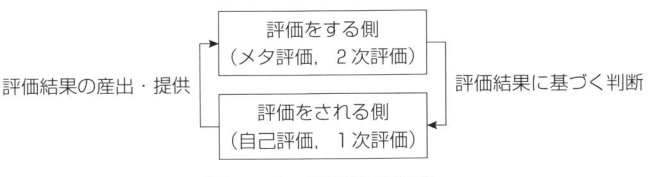

図1-3　評価の重層化

出典：筆者作成．

績に関する外部統制が内部統制に依拠するという OECD の主張と軌を一にする．ただし，この動きは世界的な潮流というよりはむしろ，評価制度に付随する構造的な要因が背景にあると考えられる．財務の場合，公認会計士のように自ら知的基盤を有する専門家が携わることで外部統制を遂行することができる．しかし，業績の場合，当該政策分野にかかる知的基盤を有する専門家がおらず外部統制を遂行できない場面が生じてくる．その場合，当該組織で内部統制の一環として行われる自己評価に依拠することで，外部統制を補うことができると考えられる．世界的な潮流としてみられる内部統制の発展は，業績にかかる外部統制の限界が認識されてきたことと表裏の関係にある．

このように，自己評価とメタ評価による重層的な評価では，業績測定が有用な手法として用いられることになる．業績測定では，行政活動の中から測定可能な業績を操作化した上で，それら指標の目標となる数値を示す．自己評価では日々の活動から業績情報を産出し，それらを評価シートとしてとりまとめる．メタ評価では，それらの業績情報が目標値を達成しているかどうかを判断する．業績測定は比較的簡便な方法であるために積極的に用いられる傾向にある．他方で，アウトカム指標よりもアウトプット指標の方が設定が容易であることから，政策効果の把握よりも財務や組織管理を中心とした評価が行われることになる．

（2）日本における評価制度の実例

日本の公共部門では，さまざまな場面で評価が多元的かつ重層的に行われている．ここでは，国と地方自治体における評価の多元化と重層化の例として，国の高等教育ならびに公的研究機関に関わる評価の枠組みと，地方自治体の男女共同参画政策をめぐる評価の枠組みについてそれぞれ検討したい．

平成18年に文部科学省に設置された研究開発評価推進検討会の報告書によれば，高等教育機関や公的研究機関を対象とする評価には，研究開発評価，政策評価，法人評価，自己点検・評価，認証評価がある（図1‐4）．文部科学省を

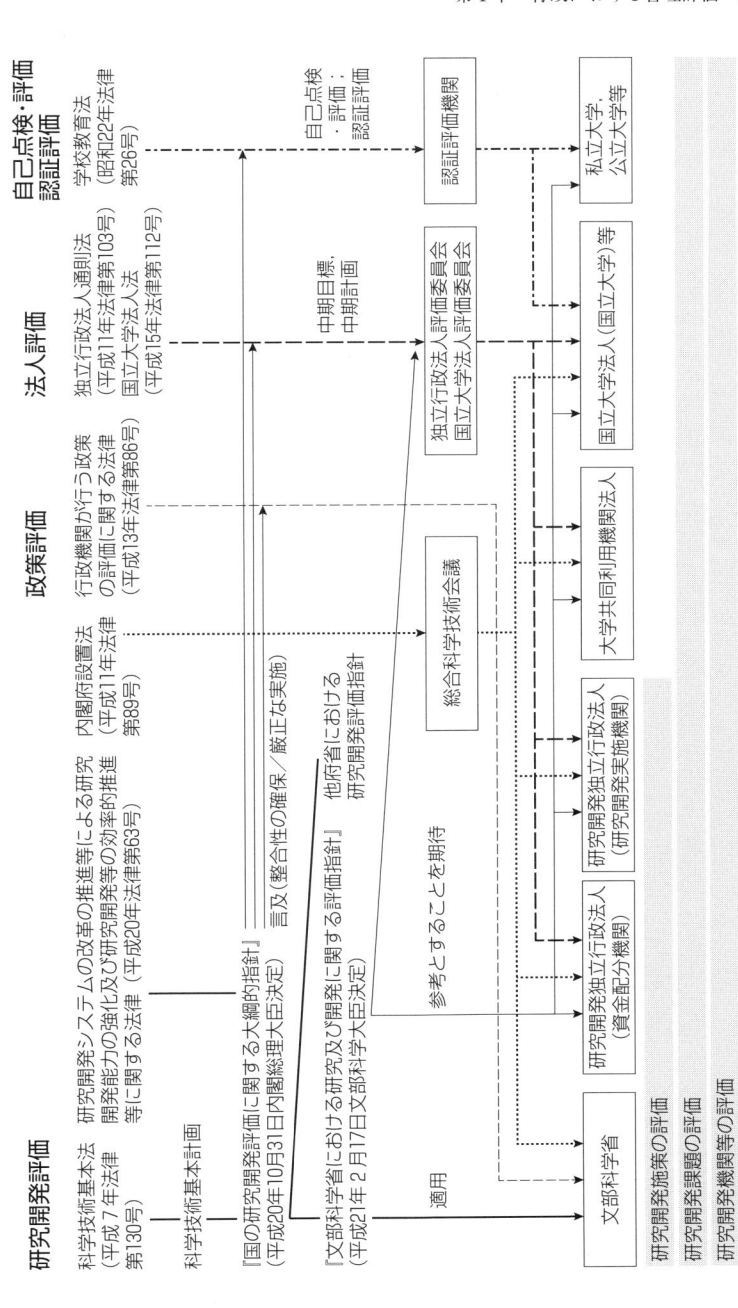

図1-4　高等教育・公的研究機関に関わる「評価」の枠組みの概略

出典：文部科学省［2013］「研究開発マネジメントについての評価―我が国の研究開発機関における研究開発評価活動の現状と課題」（http://www.mext.go.jp/a_menu/kagaku/1338814.htm, 2016年6月2日閲覧）を一部修正して引用。

中心とした枠組みとして描かれているこの図では，各機関では複数の評価が行われており，また研究開発評価の規定が他の評価において援用されていることがうかがえる．

　現在の研究開発評価が関係府省で行われるようになったきっかけは，「国の研究開発全般に共通する評価の実施方法の在り方についての大綱的指針」（平成9年8月7日内閣総理大臣決定）の策定である．この指針は，当時の「科学技術基本法」（平成7年11月15日法律第130号）や「第1期科学技術基本計画」（平成8年7月2日閣議決定）を踏まえて策定されており，幾度かの改定を経て今日までに至っている．研究開発評価を行う関係府省には，高等教育機関を所管する文部科学省のみならず研究開発を行う他の府省も含まれており，評価の範囲には国立研究開発法人や国公私立大学なども含まれる．

　文部科学省における研究開発評価の例では，「文部科学省における研究及び開発に関する評価指針」（平成14年6月20日文部科学大臣決定）に基づいて，研究開発施策の評価，研究開発課題の評価，研究開発機関等の評価，研究者等の業績の評価がそれぞれ行われている．指針の内容は，法人評価（研究開発法人，国立大学法人，大学共同利用機関法人を対象），そして自己点検・評価や認証評価（国公私立大学を対象）でも参考にすることが期待されている．指針では，「評価への被評価者等の積極的な取組を促進し，また，評価の効率的な実施を推進するため（中略）被評価者が自ら（中略）自己点検・評価を行い，評価者はその内容を評価に活用する」と定められている．

　「文部科学省における研究及び開発に関する評価指針」が研究開発評価のみならず，政策評価や法人評価，自己点検・評価，認証評価を実施する際の指針としても機能しているため，それらは各機関における自己評価に反映されることになる．文部科学省は，これらの評価結果を踏まえて研究開発評価を行うことで，効率的な評価を実施することができる．このように，研究開発評価は他の評価とあわせて多元的に実施されており，また文部科学省によるメタ評価と高等教育機関や公的研究機関による自己評価によって重層的に実施されている．

　もうひとつの実例が，地方自治体の男女共同参画政策をめぐる評価の枠組み
である．1999年に制定された「男女共同参画社会基本法」（平成11年 6 月23日法律
第78号）では，国と地方自治体が男女共同参画社会の形成に向けて施策を実施
することが責務として定められており，これを契機として男女共同参画政策が
全国的に波及することとなった．また，この法律では国，都道府県，市町村が
男女共同参画計画を策定することが求められており，計画に定められた目標の
進捗状況を把握するために評価が取り組まれるようになった．

　男女共同参画政策の推進において地方自治体が取り得る行政上の手段には，
男女共同参画計画と拠点施設の 2 つがある．拠点施設は実際に男女共同参画政
策にかかる事業を実施する場であり，地方自治体による直営方式のほか，業務
委託や指定管理者制度によって外部の団体に運営を委託されている．拠点施設
では各種セミナーや講座，相談業務といった事業が行われている．ただし，拠
点施設が男女共同参画計画の管理下に置かれることで，実際には計画の進捗管
理を中心とした評価が行われる傾向にある．地方自治体における男女共同参画
政策の評価に関する調査結果では，調査に回答した地方自治体のうち「男女共
同参画計画の進捗管理としての評価」を行っているのが83％に対し，「拠点施
設に関する評価」を実施しているのは12.9％であった［内藤・髙橋・山谷 2014：
7］．

　男女共同参画政策に関する組織は多岐にわたり，組織間ではさまざまな評価
が行われている（図 1 - 5）．計画の策定，日々の業務報告，施設の管理運営状
況の点検，年次報告書の作成，外部評価や意見聴取，総合計画との調整など，
さまざまな評価が直接的あるいは間接的に多元的に実施されている．これらの
評価は組織間の相互調整の中で行われることが多く，その場合は評価主体が一
方的に評価するといった関係にはなっていない．前述の通り，まずは事業を直
接担う組織が自己評価を行い，それらの評価結果をもとに他の組織がメタ評価
を行うという構造になっている．この場合，事業を直接担う組織とは，拠点施
設と地方自治体の事業担当課を指す．男女共同参画課は，これらの組織から報

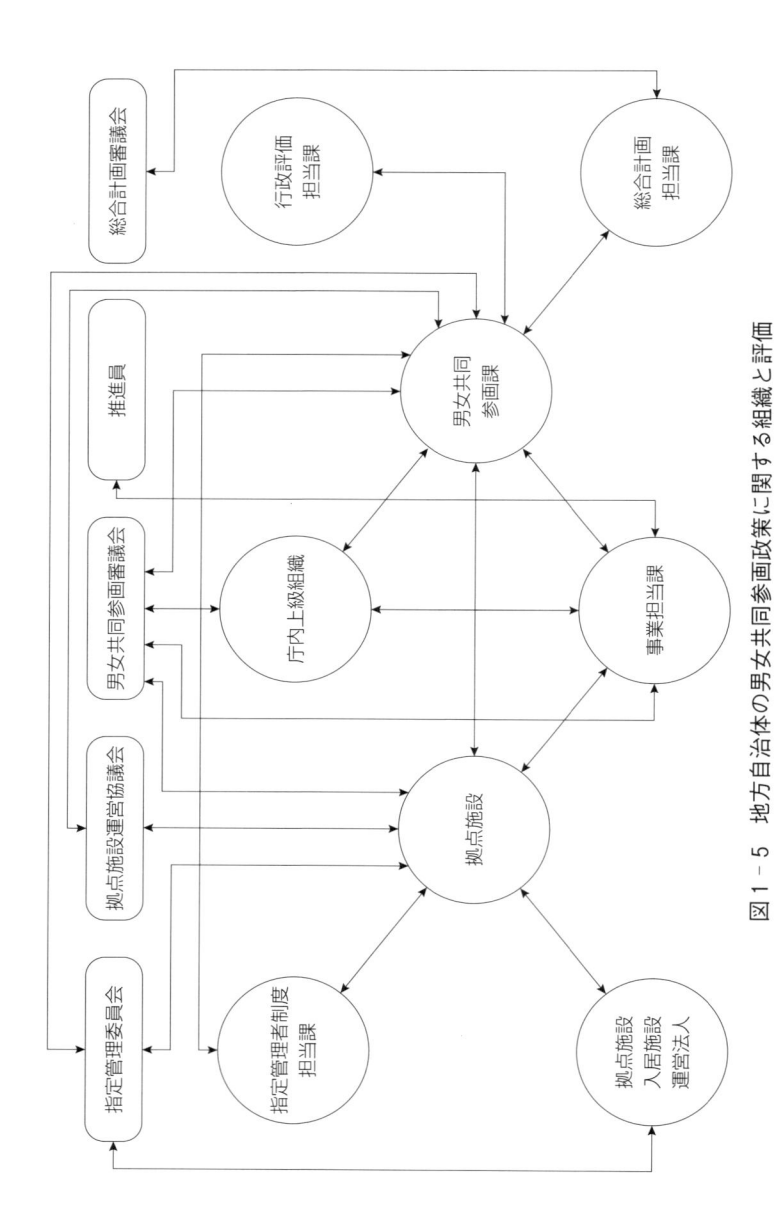

図1－5　地方自治体の男女共同参画政策に関する組織と評価

出典：筆者作成.

告を受けて評価結果をとりまとめる．したがって，男女共同参画課は事業の直接的な実施主体ではなく，事業の実施状況を間接的に管理する役割にある．自己評価とメタ評価によって評価が重層的に実施されているのである．

　男女共同参画政策の評価ではおもに業績測定が用いられている．業績測定は，全般的な管理活動のほか，男女共同参画計画の進捗状況を把握するのに簡便な方法として用いられる．事業レベルでは，拠点施設利用者数やセミナー参加者の男性比率などのアウトプット指標を中心とした業績測定が行われる傾向にある．男女共同参画政策では，政策目標に対する事業の直接的な影響を把握することが難しく，アウトカム指標の設定は困難か，設定はできても因果関係が不明のままである．計画を所管し事業を直接担わない男女共同参画課が管理機能に特化するのは自然なことであり，管理評価を推進する状況はある種の均衡点にあると考えられる．

╋ 3．管理評価の制度化

　日本の公共部門における管理評価は，法令，計画，指針，条例，規則など，さまざまな法的および行政的な根拠によって制度化されてきた．制度化によって，評価の取り組みに安定性がもたらされ，継続的な推進が担保されることになる．それは，たとえば「行政機関が行う政策の評価に関する法律」（平成13年6月29日法律第86号）の制定によって全府省で政策評価が実施されるようになったことからも明らかである．

　一方で，制度化によってもたらされる弊害も指摘することができる．制度の安定や継続は，翻せば硬直化やルーティン化をもたらす恐れがある．大規模組織では，組織を構成する人員，物品，資金，情報などの諸資源を組織外から調達して組織内に配分するために，組織，人事，財務会計，統計，文書などに関する基幹的な管理制度が公式的に確立され，さらには制度の運用方法まで制度化され，管理活動のルーティン化が進む［西尾 1976：1］．ルーティン化が進む

ことで管理活動の硬直化や自己目的化といった現象が発生し，管理本来の「組織の目的活動の変動に即応して，たえず組織態勢を見直し再編成していく機能」が失われることになる［西尾 1976：2］．

　イギリスのマネジメント・レビューがそうであったように，日本の政策評価もまた本来の管理が持つこうした機能を制度的に裏づけることで，政策や組織管理を不断に見直して改善する態勢を構築しようとしていたと考えられる．事実，制度の開始から今日までに制度の見直しや新たなガイドラインの策定が行われており，各府省で行われる評価も質量ともに改善が図られてきた．そうした中で，目標管理型の政策評価の導入に象徴されるように，管理評価はますます主流化の一途をたどり，また他の評価実務にも移植されていると考えられる．評価制度の更新は評価担当者の負担を増大させる恐れがあるため，ルーティン化によって費用や作業量を低下させることには合理性があるといえる．

　評価実務を体系的に制度化することで，非制度的な評価実務とは対照的な特徴を有するようになる（表1‐2）．表からは，評価実務の制度化が，強制と規制に基づく実施，集権的，外部からの評価，政府の立法府に対する報告，アカウンタビリティへの焦点，中央による主導と実行，高い公開性によって特徴づけられることがわかる．他方，非制度的な評価実務の場合，自発的で柔軟な実施，分権的，内部からの評価，政府の執行府に対する報告，意思決定と実施の改善への焦点，現場による主導と実行，低い公開性によって特徴づけられてい

表1‐2　制度化の程度と比較

	非制度的	制度的
評価を行う要件	自発的かつ柔軟	強制的かつ規則的
評価を行う権限	分権的	集権的
評価者の立ち位置	内部	外部
報　告	政府の執行府に対して行う	政府の立法府に対して行う
評価の焦点	意思決定と実施の改善	アカウンタビリティ
主　導	現場による主導と実行	中央による主導と実行
公開性	低い	高い

出典：OECD［1999：26］．

る.

　制度／非制度の対比は，日本の公共部門における管理評価に必ずしも適用できるとはいえないが，いくつかの点で示唆がある．日本の管理評価では自己評価とメタ評価によって重層的に評価が行われることを前節で指摘したが，この場合の自己評価は評価結果を自ら利用するために行われるのではなく，メタ評価での利用を想定して行われることになる．そのため，一見すると現場主導で分権的に評価が行われているように見えるものの，実際には外部から評価の実施を強制されているのである．他者に対するアカウンタビリティが強調されるのもこの理由による．また，アカウンタビリティの強調は透明性の向上を促す[Meijer 2014].

　新制度派経済学とマネジリアリズムによって構成される NPM には，遠心力と求心力の双方が働いている［毎熊 2001：177］．このことは，自己評価として評価実務が現場に委ねられる一方で，メタ評価としてそれらの評価結果が集約されている状況に当てはまる．メタ評価を行う側にとれば，評価の重層化によって評価にかかる自らの費用や作業量は低減するため，評価の多元化をいっそう促進することへの抵抗は少ないだろう．他方，自己評価を行う側にとれば，評価の実施要請は統制の手段として消極的に受け止められるだろう．

　統制の手段として評価が用いられることで，かえって否定的な作用がもたらされる恐れがある．第 1 に，評価担当者の「評価疲れ」の問題である．自己評価は評価担当者の自発ではなく強制によって行われる．また，ルーティン化されていることで裁量の余地は少なく，評価担当者の取り組みが消極的となる恐れがある．

　第 2 に，評価結果が評価担当者に負の影響をもたらす可能性である．たとえば，国から補助金の交付を受けた事業を自己評価する場合，評価結果が芳しくなければ次回の補助金交付額が削減される恐れがある．また，指定管理者が行う自己評価の結果が芳しくなければ，指定管理期間が終了した後の次回選定に負の影響を及ぼす恐れがある．評価結果を事業の成否を判断する材料として用

いたいと考えるのは自然なことであるが，それらは評価担当者が負の影響を恐れて評価結果を歪曲する動機にもなりうる．

　第3に，評価の形式化が助長される問題である．事前に定められた基準の存在は，達成状況が恣意的に判断されることを防ぐために重要である．また，評価実務が多元的に実施される状況では，評価の形式が定められていることで作業量をある程度低減させることができ，評価結果を利用する側も統一的に確認や比較の作業ができる．他方で，作業のルーティン化や記述が不十分になるといった弊害が指摘されるだろう．

　それでは，管理評価に付随するこれらの弊害を除去するためにはどうすればよいのだろうか．いったん制度化された管理評価を廃止することは現実的ではない．したがって，各府省の事情に配慮した運用を認めることで管理評価の運用を柔軟にしたり，アカウンタビリティを追及する範囲を法令の遵守や経費の適正執行に限定することが求められるだろう．そして，管理評価ではないプログラム改善のための評価を充実させることは，管理評価の主流化に対する効果的な対抗手段となる．

　そのためには，評価者の立ち位置をあらためて整理する必要がある．管理評価の主流化の背景には，メタ評価における自己評価への依拠があった．この関係をあらためるには，自己評価結果の利用を当該組織の内部に限定する必要がある．そして，外部からの評価を引き続き行うのであれば，評価対象となる組織に情報を依存するのではなく，自らが獲得した知識基盤をもとに独立的な判断を行うことが求められる．このように，評価におけるこれまでの相互的な関係を内部と外部とに意図的に切り離すことで，管理評価が主流である状況をあらためることができると考えられる．

　ここでいう内部と外部は，組織上の内部と外部だけでなく，現場性や専門性の有無という意味での内部と外部も考えられる．これら2つの次元によって評価者の立ち位置を4つに規定することができ，それぞれの評価者間で権力の分配が演じられる（表1‐3）．具体的には，アジェンダの設定，評価システムの

表 1 - 3　評価者の立ち位置

次元 1 次元 2	制度的に独立 組織の外部	制度的に依存 組織の内部
現場や専門領域の外部	立ち位置 1 外部評価者	立ち位置 2 内部評価者
現場や専門領域の内部	立ち位置 3 専門家	立ち位置 4 現場の専門的従事者

出典：Furubo and Karlsson Vestman［2011：22］をもとに筆者が一部修正し引用.

構成方法，価値規準の特定，真実の特定や重要性を認定および適用する手法の検討，評価プロセスに含める利害関係者の特定，評価結果を公開する範囲の判断といった点で権力が問題となる［Furubo and Karlsson Vestman 2011：20-21］.日本の公共部門における管理評価では，これらの権力は表中の内部評価者（立ち位置 2）によって多くを占められていると考えられる.内部評価者によって行われる評価では，評価をする側とされる側がいずれも行政組織である点では共通しても，異なる専門領域であるために政策判断に必要な知識が共有されていない.したがって，実際に評価をする側とされる側とのあいだでは多くの交渉が行われることになる［Furubo and Karlsson Vestman 2011：23］.この交渉過程は自己評価とメタ評価という形で現れており，評価による現場への過剰な介入として認識されることになる.

　評価による過剰な介入を回避するためには，管理評価ではないプログラム改善のための評価を現場で充実させる必要がある.表中における現場の専門的従事者（立ち位置 4）が評価を主導することで，プログラム改善のための評価を行うことができると考えられる.これらの評価は制度的に行うよりはむしろ，プログラムの形成や実施段階で必要に応じて行うことになるだろう.

＋ お わ り に

本章では，日本の公共部門を事例に，管理評価の理論的背景と実態，そして

制度化が引き起こす問題点について検討した．行政改革やNPMの考え方が評価への需要を生み出す一方で，日本の評価実務ではアウトプットを中心とする業績測定が多く用いられ，管理評価の主流化を促すこととなった．管理評価の主流化は，国や地方自治体における評価実務の多元化として現れた．そのような管理評価の移植を可能にしたのが，メタ評価が自己評価に依存する評価構造の重層化であった．評価の多元化と重層化について，本章では国の高等教育および公的研究機関に関わる評価と，地方自治体の男女共同参画政策に関する評価を事例に状況を明らかにした．そして，管理評価の制度化が進められることでもたらされる問題点について検討し，現場の専門的従事者が評価を主導することでそうした問題点を克服できることを提示した．

　今後の課題として，管理評価の主流化やその問題点に関する本章の指摘が，日本のさまざまな評価実務においてどの程度まで適用可能であるのかは個別の事例研究で確認する必要があるだろう．また，管理評価に対する対抗手段として，現場が主導するプログラム改善のための評価についても具体的な手法を検討する必要がある．評価に関する学術的研究や実務の世界では質的手法の充実や参加型評価の採用として現れてきており，日本の公共部門でもこうした評価手法の導入が可能であるかを検討することが求められる．

　注
1）　ハトリーによれば，「有効性」は因果関係についての意味合いが強いため「有効性」よりも「アウトカム」という言葉を使う方が望ましく，実際の現場（たとえば1993年にアメリカで行われたGPRA）でも後者の方がよく用いられる［Hatry 1999：24；邦訳 28］．
2）　行政改革会議［1997］「最終報告」（http://www.kantei.go.jp/jp/gyokaku/report-final/，2016年6月2日閲覧）．

第 2 章　評価と監査

┼ は じ め に

　本章は，政府部門における行政統制活動のひとつである評価と監査が，実務上混同されて用いられていることの背景について，理論上の区別との対応から論じることを目的としている．政府部門における評価と監査は，その相違点についてこれまで理論的に整理されてきた．一方で，実務においては多様な行政統制活動が行われており，これらは学術上の理論ほど厳密には区別されていない．

　実務上の混同のあらわれとして，たとえば評価実務ではしばしば客観性や目標管理が強調されることがある．その原因のひとつは統治機構に基づく評価制度の設計に由来するが，もうひとつの原因として評価実務において監査の様式が混入していることが挙げられる．客観性の議論において評価基準や目標管理が強調されるのも，これらは本来であれば監査が有している特徴である．

　評価実務において監査型のアプローチが行われるようになった背景にはアメリカ会計検査院がプログラム評価を採用したことが挙げられるが，アメリカに評価文化が根付いたのは統治制度や政治的社会的文脈に依拠するところが大きい．それに対して日本の政策評価は，節約や効率による目標管理の側面を強調しており，総務省による客観性確保なども含めて監査に近い活動であるといえる．評価と監査は第三者が行う場合がある点で共通するが，その目的が異なる

ことに留意する必要がある.

　一般的に，評価は政府プログラムの改善を意図しているのに対し，監査は合法性や合規性に関する第三者的なチェックを意図している．監査によるチェックの対象が政府プログラムの有効性に及ぶとき，両者の区別は曖昧となる．本章では，評価と監査の理論上の区別，メタ評価や業績監査などの評価と監査の中間的な手法，評価実務における監査様式混入の背景についてそれぞれ検討を行うことで，理論と実務の乖離を明らかにする．

十 1．評価と監査の理論上の区別

（1）評価と監査の定義

　評価の定義について，SAGE 社の *Encyclopedia of Evaluation*（評価百科事典）ではつぎのように言及されている．すなわち評価とは「プログラムや生産物，人物，政策，提案，計画それぞれの状況，価値，長所，本質，重要性に関する結論となる証拠を収集および統合する応用的な調査過程」であり，「評価によって生み出された結論は経験的側面（何らかの事例であるということ）と規範的側面（価値判断）の両方を包含する」[Fournier 2005：139-40] という特徴を有している．

　評価が社会科学において注目されはじめたのは20世紀初頭に普及した評価研究（evaluation research）からであり，教育や公衆衛生領域をはじめ社会プログラムを対象とする活動として用いられた．評価研究は，政府プログラムを対象とするプログラム評価（program evaluation）として実務に適用され，評価研究よりさらに強い実務志向性を有するようになったのである [山谷 2012：16]．

　それに対し，監査の定義について，同じく *Encyclopedia of Evaluation* ではつぎのように言及されている．すなわち監査とは「独立した第三者が，ある実務が当該実務について定めた一連の規範または基準を遵守している証拠を体系的に調査し，専門的意見を述べること」[Schwandt 2005：23] を意味する．監査

はおもに財務情報を対象とする会計監査を指すことが一般的であるが，実際の監査は法令準拠や公共管理などに伴う広範な情報を対象とすることが可能である．

　ここから，評価と監査の特徴を対比的に定義することができる．すなわち評価は「プログラムの効果を，当該プログラムの担当者が，社会科学的な手法を用いて調査する作業」と定義することができ，それに対して監査は「会計基準や法令規則等の遵守を，独立した第三者が，基準に照らして確認する作業」と定義することができる．両者は目的，担い手，方法の3つによって明確に区別することができる．

　第1の目的について，評価がプログラムの有効性を検証することに主眼を置くのに対して，監査はプログラムの基準準拠性を検証することに主眼を置く．第2の担い手について，評価が当該プログラムを担当する直接の利害関係者によって実施されるのに対して，監査は利益相反を防止するために第三者の独立性を確保した上で実施される．第3の方法について，評価が多様な社会科学的手法を用いて調査する作業であるのに対して，監査は事前に定められた所定の監査手続きに基づいて行われる作業である．

（2）評価と監査の目的

　評価と監査はともに，政府が果たすべき責任すなわち「アカウンタビリティ」の追及を目的としている．ただし，アカウンタビリティの概念は今日までに多様化しており，はじめに概念の発展について整理する必要がある．

　アカウンタビリティ概念を理解する上で有益であるのがグルーバーの論考である．官僚の民主的統制に関して，グルーバーは民主的統制を直交する2つの軸に分類した（図2-1）．ひとつは手続的統制であり，もうひとつは内容的統制である．グルーバーは，アカウンタビリティを手続的統制のためのアプローチだと位置づける．ここでグルーバーが想定するアカウンタビリティ・アプローチの具体例は，倫理綱領（codes of ethics），公務員制度（civil service systems），

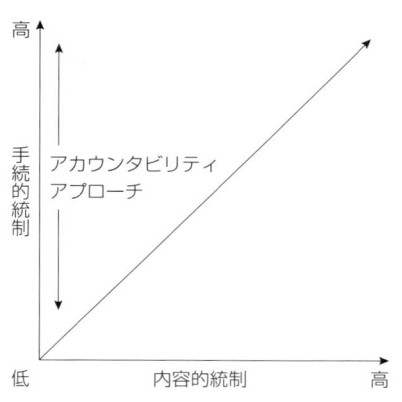

図 2 - 1　民主的統制のアプローチ

出典：Gruber［1988：18］をもとに筆者が一部
　　　修正し引用.

聴聞と届出の要件（hearing and notification requirements），情報公開法（freedom of information acts），オンブズマン制度（ombudsmen），監督機関（oversight board）などを含んでおり，手続きを通じて適切な意思決定を保証することに焦点が当てられているのである.

　しかし，グルーバーが示唆するアカウンタビリティ・アプローチは，アカウンタビリティの伝統的意味での追及を示すにとどまる．つまり，法律や規則への準拠性（compliance）や適正手続き（due process）といった法的アカウンタビリティ，あるいは会計上の不正（fraud）や誤謬（error）のない適正表示といった会計アカウンタビリティなど，基本的な責任追及に限定されているのである．ここでの民主主義は手続きないしブレーキと同義であり，責任実践の消極的な局面が強調される.

　民主主義の質やその深化に関する議論を進めていけば，アカウンタビリティはもうひとつの統制の方向へと向かう．すなわち内容的統制では，政策やプログラムそれ自体の有効性（effectiveness）あるいは組織の経済性（economy）や効率性（efficiency）など，政策の内容や行政のパフォーマンスに対する積極的意味でのアカウンタビリティを追及することになる．アカウンタビリティを構成

する価値は多元化し，従来のプロセス志向のアカウンタビリティから結果志向のアカウンタビリティへと概念は変容したのである．また，それに応じてアカウンタビリティを追及する手法も多様化した．

　実際に1960年代以降のアメリカでは，アカウンタビリティの概念がつぎの3段階を経て発展した．すなわち，財務上のアカウンタビリティ，プロセス・アカウンタビリティ，プログラム・アカウンタビリティである［Robinson 1971：108-13］．

　第1の財務上のアカウンタビリティは，公的支出の正常性に関する責任のことである．これは，政府が法律や会計基準に従って公金を支出していることを，独立した第三者である監査人に対して表示する責任を示している．ただし，これは最低限の基準であるため，財務上のアカウンタビリティを果たした公的支出が，必ずしも公正価格で行われているとは限らないのである［Smith 1971：29］．

　第2のプロセス・アカウンタビリティは，行政機関による政策実施が，一般的な手順や方法に基づいて適切に行われているかどうかに関する責任である．議会が政策内容について直接判断することは容易ではないため，代替手段として行政活動に関する間接的な基準を設定し，その準拠性や達成度を確認するのである［Smith 1971：29］．

　第3のプログラム・アカウンタビリティは，政策内容の操作化によって目的や手段が具体的に明示されたプログラムを対象に，そのプログラムが期待された効果をあげているかどうかを問う責任である．この方法が可能となったのは，アメリカの最高会計検査機関であるGAO（Government Accountability Office）がプログラム評価の手法を開発し，それを担うスタッフを充実させてきたからである[1]．

　財務上のアカウンタビリティおよびプロセス・アカウンタビリティを追及する手法が監査であるのに対し，プログラム・アカウンタビリティを追及する手法が評価である．両者の手法は本来異なる活動として発展してきたが，アメリ

カの GAO におけるプログラム評価の導入を契機としてこれらは融合していくことになる.

（3）評価と監査の目的のトレードオフ

アカウンタビリティを追及する手法として認識される以前の評価は，「評価研究」と呼ばれる研究領域としてアメリカで発展してきた[2]．評価研究は社会プログラムに対するシステマティックな評価として20世紀初頭に教育および公衆衛生分野で最初に普及し，たとえば読み書きや社会訓練プログラム，あるいは感染症による死亡率や罹患率の抑制を目指す公衆衛生プログラムに対するアセスメントとして当時は用いられた [Rossi, Lipsey and Freeman 2004：8：邦訳 8]．

こうした評価の黎明期から，1930年代のニューディール期には政府が実施する各種プログラムの評価に厳格な社会科学的手法を使用する試みがなされ，第二次世界大戦後には復員軍人のための職業訓練，技術教育，住宅供給，都市開発，保健活動など多くの社会プログラムに対して専門家による評価活動が実施された [山谷 1991：9]．要するに，さまざまな専門分野において実施される社会プログラムが効果的に機能しているかを知るための活動として評価は取り組まれていたのである.

それに対して，監査はアカウンタビリティを追及する手法として古くから採用されていた．そもそもアカウンタビリティの概念は古くは古代アテネの時代にまで遡り，そこでは民会に対する執行者の直接的な責任と，民会に仕える監査人への責任が想定されていた [Day and Klein 1987：10]．中世イギリスにおいても，このモデルはアカウンタビリティの重要な特徴として維持されたが，そこでは政治的民主政の考えからは区別された財政およびマネジメント上の責任として特徴づけられた [Day and Klein 1987：10]．19世紀にはミルが代議制民主主義における政治的アカウンタビリティの概念を構築し，議会に対する行政の責任として今日のアカウンタビリティ概念の基調となった [Day and Klein 1987：10]．こうして近代民主制においては議会統制が行政責任の中心に位置づ

けられたが，監査は依然として財政上のアカウンタビリティを追及する手段として併存したのである．

　監査の場合，会計に関する専門的知見を有する独立した第三者が担う必要があるため，一般には行政から独立した監査機関が行う必要がある．評価の場合，議会が策定した政府プログラムの効果を検証することに眼目があるため，各政府プログラムを所管する行政機関が自らの専門的知見を動員して行う．評価と監査は，理論上は純粋に区別される活動である．

　しかし，アメリカ連邦政府がプログラム評価を採用したことで，これら理論上の区別は混在することになる．当時のアメリカ連邦政府は，ケネディとジョンソン2人の大統領によって提唱された「ニュー・フロンティア」と「偉大な社会」というスローガンに従って，数多くの社会福祉プログラムに取り組んでいた．いわゆる「行政国家」化によって執行部が議会に対して優越する状況が生じ，それが議会の焦りとなって現れたのが行政監視手段としてのプログラム評価である．アメリカ連邦政府は1967年に経済機会法を修正し，プログラム評価の実施を議会付属機関である GAO に命じたのである［Mosher 1984：145］．

　GAO によるプログラム評価の採用は，そのルーツである評価と監査の融合という結果をもたらした．評価はそれまでの学問分野における専門的な知識獲得という目的から，行政機関に対するアカウンタビリティ追及というこれまで監査が担ってきた目的へとその性格を変容させたのである．GAO がプログラム評価を採用して以降，財務あるいは経済性と効率性を対象とする業務の割合は低下する一方，プログラムを対象とする業務の割合は増加の一途をたどった［Mosher 1979：179］．

　さきのグルーバーの例に倣えば，アカウンタビリティは手続的統制から内容的統制へとその概念を拡大させた．しかし，手続的統制と内容的統制は本来同時に追及することができない．これは，アカウンタビリティと学習（learning）という2つのジレンマとして理論的に説明することができる．そして，監査の原初的な目的がアカウンタビリティの追及であるのに対して，評価の原初的な

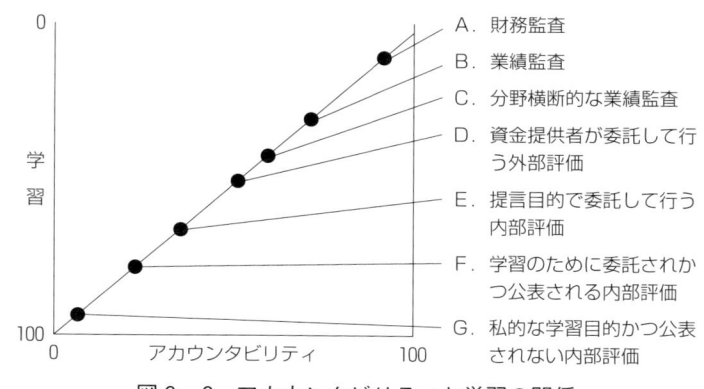

図2‐2　アカウンタビリティと学習の関係

出典：Lonsdale and Bemelmans-Videc ［2007：13］.

目的は組織の学習であると理解されている．

　図2‐2はアカウンタビリティと学習とのあいだのトレードオフ関係を示している［Lonsdale and Bemelmans-Videc 2007：13］．たとえばAの財務監査の場合，監査人が独立性を確保して行うためアカウンタビリティの追及には有効であるが，組織外部からの形式的な活動に終始するので政策の内容に深くコミットすることができない．反対に，Gの「私的な学習目的かつ公表されない内部評価」の場合，外部からの利用を一切想定していないためアカウンタビリティの追及を行うことはできないが，組織内部で政策内容の改善に生かすことができるのである．

　図2‐2から明らかなように，実際には評価と監査のあいだに多様な活動が存在する．評価と監査にはそれぞれ目的の重複が見られ，このことから「メタ評価」や「業績監査」など評価と監査の中間的な手法が存在する．これらの手法は，評価と監査が実務上混同される原因となっている．

┼ 2．評価実務における監査様式の混入

（1）メタ評価

メタ評価は「評価の評価」を意味する概念である．メタ評価に関する近年の研究では，総務省行政評価局が平成20年度に委託実施した「諸外国における政策評価のチェックシステムに関する調査研究」（委託先：財団法人行政管理研究センター）が挙げられる．この調査の念頭にあるのは，「行政機関が行う政策の評価に関する法律」（平成13年6月29日法律第86号）に基づき総務省行政評価局が行っている客観性担保評価活動であり，制度の充実のために各国における政策評価のチェックシステムの構築状況を検討しているのである．

アメリカの評価研究の文脈において概念整理を行った源［2009］の調査報告によれば，メタ評価は評価者が評価の品質確保を目的として行う活動であり，メタ評価の結果は評価の設計・実施方法の改善（形成的メタ評価）と評価の質やその有用性の判断（総括的メタ評価）に活用される．ただし，源は「メタ評価の文献や（中略）メタ評価基準には『客観性（objectivity）』という言葉が見当たらない」［源 2009：13］と指摘する．「メタ評価報告書は一次評価の顧客が評価の妥当性，統合性，信頼性，費用効果，その適用性を判断することをアシストすることである」というスタッフルビームとシンクフィールドの言葉を引用する源は，「客観性の議論よりもどちらかというと，関係者への『説得性』（persuasive）に重点が置かれているように思う」と結論づけるのである［Stufflebeam and Shinkfield 2007：647；源 2009：13］．

監査でも同様に基準を設けるものの，メタ評価とは対照的に監査では客観性が求められる．すなわち，基準への準拠性を検証する監査機関は独立的な立場にあることが要請されているのである．これは，監査機関が監査対象となる組織と利害関係を有すると，不正な経理支出を意図的に見逃す可能性が生じるなど，納税者である国民・市民に不利益をもたらすからである．監査は，監査対

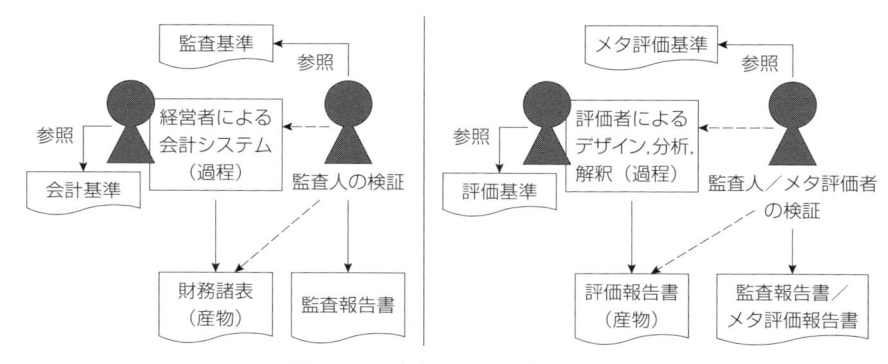

図 2 - 3　監査とメタ評価の構図

出典：Schwandt and Halpern［1988：51, 57］を一部修正し引用.

象機関の提出する書類が適切に表示されていることを保証する機能を有している．監査が客観的に行われなければ，監査結果に疑義が生じ，監査の保証機能に対する信頼性は揺らぐことになる．

　Encyclopedia of Evaluation の記述によれば，監査の基本的な考え方は「ここ数年においてメタ評価の過程を特徴づけている」［Schwandt 2005：23］．つまり，第三者的な立場にある評価者が評価基準に準拠して評価の質を検証するメタ評価の構図が，同じく第三者的な立場にある監査人が監査基準に準拠して対象を確認する監査の構図と類似しているという指摘である（図 2 - 3）．

　この点については，先の調査報告書において山谷が評価をチェックする 2 つの方法として挙げる「評価の評価（meta-evaluation）」と「評価の監査（auditing evaluations）」の考え方に表れている［山谷 2009：112-13］．山谷によれば，「評価の監査」は「評価の実施プロセスに対する形式審査であり，評価の運用実態に対するコンプライアンス確認とコスト分析を中心としたチェックである」［山谷 2009：112］．それに対して「評価の評価」すなわちメタ評価は，「評価の内容の適否，評価の結果についての実質審査を行う活動である」［山谷 2009：112］．たとえば日本の総務省行政評価局がメタ評価として行う客観性担保評価活動は，いずれのチェック方法をも有している．評価実務における客観性確保の要請は，

このようにメタ評価と監査とを混同していることが原因のひとつである.

（2）業 績 監 査

　業績監査は，実務では比較的古くから取り組まれてきた活動である．アメリカでは1949年の予算会計手続法制定によって GAO に包括的監査（comprehensive audit）として導入され，イギリスでは1983年の国家会計検査法によって最高会計検査機関である NAO に VFM 監査（value for money audit）として導入された[3]．ほかにもフランスやオランダ，カナダ，アイルランド，オーストラリア，ベルギーなど，先進諸国では20世紀後半にかけて業績監査が採用されていった［Lonsdale 2011：5］．

　実務における評価と監査の混交を受けて，学界でも業績監査に関する研究が数多く試みられた．まず，評価と監査を比較した代表的な研究として，チェリムスキーの1985年の論考がある．チェリムスキーは，評価と監査の関係について４つの視点を検討することが重要だと説いている．すなわち，① 起源，② 定義，目的，取り組まれる問題，③ 評価者と監査人それぞれの観点，④ 双方の相互作用を導く共通点である［Chelimsky 1985：484］．アメリカ評価学会（American Evaluation Association）が四半期ごとに発行する *New Directions For Evaluation*（評価の新たな方向）では，1996年発刊の第71号で「評価と監査——コンバージェンスへの可能性」と題した特集号が組まれている［Wisler ed. 1996］．同じく1996年には，経済協力開発機構（OECD）の行政管理委員会（PUMA）が1995年６月に開催したシンポジウムで提出された論文を編纂している［OECD 1996］．おもに新公共経営（New Public Management: NPM）との関連から業績監査を論じた論考が所収されているのが特徴である．1999年にはポリットを中心とする研究グループが，オランダ，フランス，イギリス，スウェーデン，フィンランドの５カ国を対象に，最高会計検査機関における業績監査の取り組みを実証的に明らかにしている［Pollitt et al. eds. 1999］．2007年には評価と監査のジレンマをアカウンタビリティの観点から考察した研究［Bemelmans-

Videc, Lonsdale and Perrin eds. 2007], 2011年にはアカウンタビリティ概念を基軸に政策過程における業績監査の広範な役割を検証した研究 [Lonsdale, Wilkins and Ling eds. 2011] が公刊されている．ランド研究所が2009年に発行した *Performance Audit Handbook*（業績監査の手引き書）のように，社会科学的な方法を用いる評価手法を紹介する文献もある [Ling and Dijk eds. 2009]．日本では1986年4月に会計検査院事務総長の私的研究会として発足した「会計検査問題研究会」がある [川滝 1989]．座長の加藤芳太郎をはじめ計10名の学者から構成される研究会は，1990年1月の最終報告までに延べ26回の会合を開催している．この研究会ではさまざまな評価手法に言及されており，たとえば費用便益分析やオペレーションズ・リサーチなどの適用可能性について事例研究を交えながら検討している [会計検査問題研究会 1987：1988：1990].

　これらの業績監査手法は，経済性（economy），効率性（efficiency），有効性（effectiveness）の観点から監査が行われ，一般に3つの頭文字をとって3E監査と呼ばれる．経済性とは最小のコストで適正な質の資源を獲得することをいい，効率性とはある部門（あるいは事業計画）に充てた資源から最大のアウトプットを獲得するようにすることをいい，有効性とはある活動からのアウトプットが期待された結果を達成することをいう [Glynn 1985：29-30；邦訳 30-31]．会計基準や法規則への合規性を確認する従来の監査から，3Eを確認する新たな業績監査へと，先進諸国は最高会計検査機関の機能を拡大させたのである．

　各国の最高会計検査機関が加盟する最高会計検査機関国際組織（International Organization of Supreme Audit Institutions: INTOSAI）は，最高会計検査機関の参考に資することを目的として政府部門における監査基準やガイドラインなどの文書を発行している．INTOSAIでは一連の文書に対する共通の名称として「最高会計検査機関国際基準（International Standards of Supreme Audit Institutions: ISSAI）」を採用し，すべての文書に固有のISSAI番号を付与することで体系化を行っている [東 2007：181]．ISSAIの基準体系の中で最上位に位置する「リマ宣言」（ISSAI 1）は1977年の第9回最高会計検査機関国際会議（International

Congress of Supreme Audit Institutions: INCOSAI) で採択された文書であり，政府が行う監査の基本原則を定めている．リマ宣言では，最高会計検査機関の伝統的なタスクとしての合規性監査と，追加的なタスクとしての業績監査という2分類を提示している．この2分類は1986年の第12回 INCOSAI において業績監査を定義した声明文書（いわゆるシドニー声明）でも踏襲されており，INTOSAI が業績監査を合規性監査とならぶ監査の一手法として位置づけていたことがわかる［Australian Audit Office 1986：1］．

　アメリカが採用する政府監査基準（Generally Accepted Government Auditing Standards: GAGAS）は，業績監査を財務監査と並ぶ監査手法として位置づけている．GAGAS における業績監査の定義はプログラムの改善に言及しており，評価に近い位置づけであることがわかる．GAO がプログラム評価を採用していることからも明らかなように，GAO は業績監査を構成するものとして経済性監査，効率性監査，プログラム監査のほかにプログラム評価を含めている［GAO 1999：49］．各国の最高会計検査機関は業績監査をさまざまに定義しており，アメリカのようにプログラム評価を含むことを明示している国もあれば，明示していなくても業績監査のなかにプログラム評価の概念を含んでいる国もある．[4] ISSAI は各国の法制度を考慮して強制適用ではないため，各国の最高会計検査機関のあり方は一様ではない．

　理論上も，監査，業績監査，評価はつぎのように区別される．バーゼレイは，最高会計検査機関の機能を伝統的監査，業績監査，プログラム評価の3つに類[5]型化している［Barzelay 1996：18］．表2-1は，伝統的監査，業績監査，プログラム評価の重要な違いを5つの側面から特定している．

　伝統的監査は，財務書類が公式に定められた会計基準や法令規則に準拠して作成されているかを確認する作業である．伝統的監査における監査人の役割とは，被監査者より提出された情報が真実であることを証明し，または財務書類と公式基準とのあいだに相違がある場合はそれを検出することである［Barzelay 1996：19］．それに対してプログラム評価は，社会科学的手法を用いてプロ

表2-1　伝統的監査，業績監査，プログラム評価の比較

	政府のイメージ	有効性の意味	レビューの主目標	レビューの主様式	レビュアーの役割
伝統的監査	機械的官僚制	システムによって有効に規制された取引と作業業績	コンプライアンス・アカウンタビリティ	監査	情報が真実であることの証明；実際の現場の実施と一般規範との間にある不一致の発見；結果の推論；結果の報告
業績監査	組織と部門の境界に広がるインプット→プロセス→アウトプット→アウトカムのシステム（さらにその他のNPM思想）	目標と抑制因の設定を仮定して組織慣行と生産手段を最適化	業績アカウンタビリティ	監察	プログラムとそれに関与する組織の様相の評価；結果の報告
プログラム評価	集合的なプログラムの改良を意図して政府がとる介入	プログラムが目標を達成；公共政策が福祉を改善	政策およびプログラムに対する真実かつ有用なフィードバックの提供	調査	介入が及ぼす有効性の評価；集合的なプログラムに対する一貫性のない介入が及ぼす効果の測定

出典：Barzelay［1996：18］.

グラムが有効に機能しているかどうかを調査し，その結果をフィードバックすることでプログラムの改善を促すことを目的とする．評価者は公式の基準に準拠する必要はなく，政府の意思決定に資する情報を提供することに主眼が置かれる．

　バーゼレイは業績監査について，プログラム評価と同様に「役に立つ判断（instrumental judgment）」を提供する点で，監査ではなく評価に近い活動であると述べている［Barzelay 1996：19］．バーゼレイは，業績監査が監査であると誤解される理由として3つの要因を挙げている［Barzelay 1996：19］．第1は，業績監査が名称のなかに「監査」という言葉を含んでいることが，業績監査を監査の概念に結びつけたという指摘である．第2は，伝統的監査と業績監査のいずれもが社会科学的な調査手法に依拠していない点で，両者が類似する手法だと判断されたという指摘である．第3は，業績監査が監査プロセスによく似た

やり方でしばしば行われているという指摘であり，たとえば経験則および最良事例の作成，それらの基準への成文化，基準と現場の相違の特定などが挙げられる．

（3）業績監査の問題点

　バーゼレイは，業績監査の様式が監察であると言及している．その理由は，「レビュー対象の組織がどの程度機能しているのかについて，監察者がその印象や情報をじかに得る様子をその言葉が思い起こさせる」[Barzelay 1996：19]からである．すなわち，監査が財務管理のみに関わる限定された活動であるのに対して，監察はあらゆる「手続き」すなわち管理活動全般を対象とした活動である[Barzelay 1996：19-20]．そして，調査が評価結果の産出を行うのに対して，監察では評価結果は必ずしも求められておらず，監視（oversight）を中心としてアカウンタビリティを達成することが監察の第一の目標なのである[Barzelay 1996：20]．

　バーゼレイの主張を検討すると，監察には3つの問題点を指摘することができる．第1に，監察が組織マネジメントを対象としている点である．すなわち，監察が対象とするのはプログラムではなく，システムや手続きといったプログラムの実施環境である．監察における有効性とは，プログラムが効果をあげたかどうかではなく，プログラムを実施する組織の活動が経済的ないし効率的に行われたかどうかに焦点を置く．

　第2に，アカウンタビリティの確保を目的としている点である．監察者は組織学習やプログラム改善に資する有用な情報を引き出そうと努めるが，被監察者にとっては提供する情報が自らの学習に役立たないばかりか，かえってアカウンタビリティ追及の具に用いられる可能性があるため，積極的なインセンティブが働くことはない．行政のセクショナリズムに鑑みれば，外部の組織に情報を提供する監察に応じることは，かえって責任を追及されて省益を損なう恐れがある．

第3に，監察という行為自体が「相互調整」を前提にしている点である．ア
カウンタビリティの確保には，責任を追及する第三者の独立性の保持が不可欠
である．しかし，「監察者がその印象や情報をじかに得る」という言葉からも
明らかなように，監察を行うに際しては監察者が対象に接触をして情報を引き
出す必要があり，監察者の独立性は対象へのコミットメントを重ねるごとに損
なわれる．

　監察の対象が複雑になるにつれて，監察者はますます内部の情報源に依存し
なければならない．監察の制度化が進む一方で，監察の概念は方法とスタイル
が混在しうるために曖昧かつ不安定なのである［Day and Clein 1990：5］．GAO
の定義によれば，監察には「事実に基づく分析的な情報，コンプライアンスの
監視，業績の測定，業務の効率性と有効性の評価，不正，浪費，濫用，不適切
なマネジメントの申し立てに対する調査」［GAO 1999：49］といった広範な業務
を伴う．したがって，監察は「通常思われているよりも敵対的ではなく，より
交渉的なプロセス」［Power 1997：130；邦訳 80］である．

　監察におけるこれらの問題を踏まえると，業績監査は，バーゼレイが指摘す
るように評価に近い活動であるというよりはむしろ，監査に近い活動である．
監査は「外部的な制裁よりも自発的なシステムの改善への圧力を主要とする矯
正ツール」［Power 1997：132；邦訳 183］としての性格を徐々に強めてきている．
つまり，監査における外部統制のあり方は，内部に対する直接的な統制から，
内部で構築した統制システムに対する間接的な統制へとシフトしてきたのであ
る．このことは監査が内部統制に依存する傾向として現れており，さまざまな
専門分野に対して監査の適用範囲を拡大させた原動力となっている．業績監査
の出現は，監査の適用拡大の延長線上に位置づけられる．

┼ 3．監査様式混入の背景

（1）監査の類型と発展段階

公共部門における監査は一般的に，監査の目的に応じて類型化することができる（図2-4）．すなわち，内部監査と外部監査とに大きく分類され，外部監査はさらに合規性監査，財務監査，業績監査の3つに分類される．内部監査は一般的に，行政組織内部に設置された監査部局によって行われる．それに対して，外部監査は行政組織の外部に設置された最高会計検査機関によって行われる．

この類型の典拠となるのは，1977年第9回最高会計検査機関国際会議採択文書であるリマ宣言である．Section 3「内部監査と外部監査」では「1．内部監査は政府の各部局が行い，外部監査は最高会計検査機関が行う．2．内部監査は各部局の長のもとで行われるが，各国の憲法枠組みの中で可能な限り独立性を有する．3．外部監査機関として，最高会計検査機関は内部監査の有効性

図2-4 監査の類型

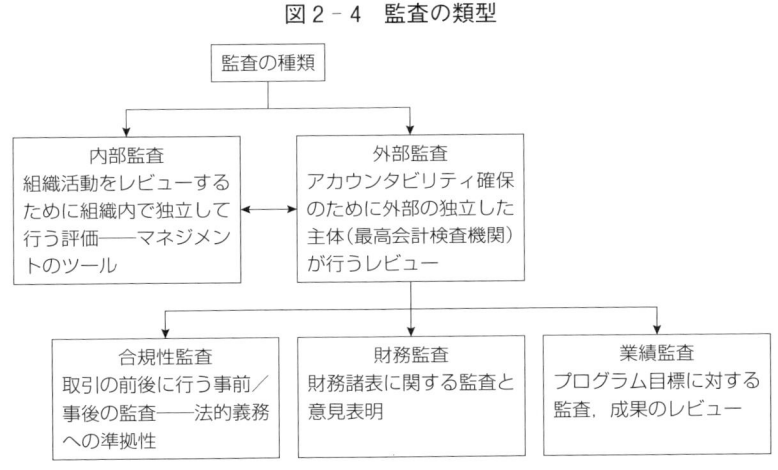

出典：Posner and Shahan [2014：489].

を調査する任務を有している」と規定されている．また，Section 4「合法性監査，合規性監査，業績監査」では「1．最高会計検査機関の任務は，財務管理および会計の合法性および合規性を監査することである．2．これらの監査類型に加え，重要なものとして業績監査があり，行政の経済性，効率性，有効性を検証する．業績監査の対象とする範囲は特定の財務取引だけでなく，すべての政府活動である．3．最高会計検査機関が行う監査の目的はいずれも等しく重要であるが，優先順位は個々に決定する」と規定されている．

　最高会計検査機関が行う外部監査は歴史的に 3 つの発展段階に区別される［Posner and Shahan 2014：490-91］．① 伝統的監査の時代（外部監査のうち「合規性監査」に相当）では，最高会計検査機関は政府が行うすべての取引が財務規則に従っているかどうかを確認していた．② システムに基づく監査の時代（外部監査のうち「財務監査」に相当）では，最高会計検査機関はすべての取引を監査するのではなく，内部統制の信頼性を保証することに焦点をあてるようになった．そして，③ 業績監査の時代（外部監査のうち「業績監査」に相当）では，最高会計検査機関は取引の合規性のみならず，政策の業績を確認することに焦点をあてるようになったのである．

　3 つの監査ではそれぞれ監査対象が異なっている．監査の対象について，合規性監査では個々の取引，財務監査では財務諸表，業績監査では政府プログラムをそれぞれ対象としている．とりわけ業績監査は，プログラム評価や業績測定と同じく政府プログラムを対象としているため，評価との混同が生じやすいと考えられる．

　また，3 つの監査ではそれぞれの監査手法も異なっている．監査の手法について，合規性監査が全取引を対象とすることを原則とするのに対して，財務監査以降では内部統制の信頼性を保証するというシステム的なアプローチをとる．ここでは従来のような全量検査ではなく，統計的サンプリングによって取引抽出を行い，内部統制に対するリスク許容度の設定（保証関数と水準の設定）を行うことで，かかるコストとの兼ね合いから監査精度の合理的な水準を決定する

のである.

（2）システム的アプローチの採用

　システム的アプローチとは，政府活動の拡大による取引量の増加に対応するために採用された監査の方法である.「行政国家」化した現代行政において，すべての活動を監査で検証することは，人的，時間的，金銭的制約の点で不可能である. そこで, これらの制約のなかで高い精度の監査結果を産出するために行われたのが, 統計的サンプリングおよびリスク許容度の設定である.

　統計的サンプリングとは, 政府活動の一部を標本として抽出することで, その母集団である政府の全活動を推論することである. サンプリング自体は, 監査を行う上での制約から導かれる自然発生的な帰結であるが, 統計学的言説による裏づけは実務上のメリットとして関心がもたれるようになった.「監査人は, 項目をさらにテストすることによる限界コストがその限界ベネフィット（漸増する信頼）を上回るところでは, チェックを中止しなければならない」[Power 1997：73；邦訳 100] という監査の経済的合理化は, 財務書類を詳細に確認する従来の監査と比べて実用的なものとして受け入れられたのである.

　しかし, 1980年代中頃までには, この統計的サンプリングは監査実務に相容れないものとして認識されるようになる [Power 1997：76；邦訳 103].「統計的サンプリングはたいていローリスクおよび典型的な誤差のパターンという条件の下でのみ有効である」[Power 1997：76；邦訳 104] ことから, ハイリスクおよび非典型的な誤差のパターンに対応できない. したがって, もっともリスクが高いと思われるところを重点的に監査することが求められ, そのために発展してきたのがリスクアプローチのモデルである.

　図2–5は監査の限界費用によって得られる便益, すなわち保証の程度を表している. この関数では, 監査人の関心が「過度の監査」の回避にあることを表している. この関数においては, 費用対便益を高めるには内部統制内のハイリスク要因を重点的に点検すればよいと考えられることになる. 監査における

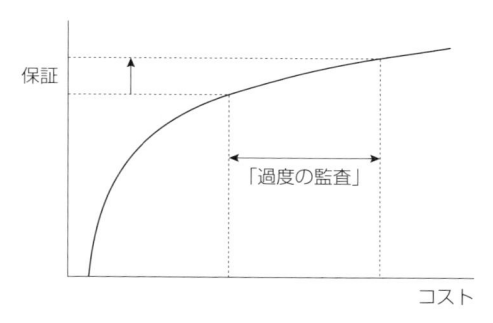

図2-5　過度の監査とコスト——保証関数
出典：Power［1997：77；邦訳 106］.

リスクアプローチの重要性は，監査実務を効果的に実施することを可能にする一方で，統計的サンプリングと同様に監査が科学的な裏づけによって支えられ，システム的アプローチによって運用されているとの認識を提供することにある．

（3）内部監査の強調

　内部監査はマネジメントのツールとして利用される側面を有しているが，監査がシステム的なアプローチを採用して以降は，外部監査の監査精度向上と監査コスト低減を目的とする内部統制の一環として行われている．要するに，外部監査の目的であるアカウンタビリティ確保に資するために内部監査が行われているのである．同時に，外部監査もまた内部監査の目的であるマネジメントに資するように行われるのである．

　監査の適用範囲が内部監査を含む内部統制システムにまで拡大した背景には，監査サービス受益者による監査への過度な期待がある．一般に期待ギャップ（expectation gap）と呼ばれる問題であり，監査人と監査サービス受益者とのあいだに存在する認識の離齬を指している．監査の役割とは本来，監査対象となる財務書類が会計基準に準拠して作成されているかどうかを検証する限定的な作業である．とくに民間部門の監査において，不正会計の追及は監査人の第一義的な役割ではなく，むしろ基準準拠性の検証作業における副産物である．そ

れに対して，監査サービス受益者が考える監査の目的とは不正の摘発である．監査を受けた機関の不正が明らかになるたびに監査の機能不全を指摘され，そうした不正防止のために監査はいっそうの機能拡大を求められたのである．

　具体的には，当該機関が不正防止のために構築する内部統制システムを対象とした監査の実施である．内部統制システムとは要するに不正が起こらないような組織環境のことである．内部統制システムの構築には，内部統制基準の策定が重要である．内部統制監査は外部監査の一環として行われる．内部統制に関する監査基準を策定することで，基準への準拠性を確認する監査プロセスの手続的な性格を強化することができる．たとえば，INTOSAI では「グッド・ガバナンスに関する INTOSAI ガイダンス」(INTOSAI GOV) として内部統制基準の策定が進められている［東 2007］．

　内部統制システムの役割を強調する点で，ガバナンス論もまた規範的な議論を導いてきた．「企画と執行の分離」すなわち政府は政策立案機能に特化し，実施機能についてはエージェンシーないし民間部門に対して裁量権とともに委譲するという NPM の理念は，実施部門における規制の内部化によって実現される．内部統制システムは自己規制メカニズムを用いた規制であり，政府が直接的なサービス提供者としての地位から撤退することを可能にした．政府の規制スタイルは，従来の直接的な関与から，監査を通じた間接的な関与へと変化したのである．これらは，「政府部門における民間経営手法の導入」を意味するマネジリアリズム[6]の考え方や，ISO9001 に代表されるマネジメント・システムの品質保証の政府部門への導入[7]に表れている［Hood 1991；Travers 2007］．

　外部監査の一環として行われる内部統制監査では，内部監査の役割もまた重要である．さきのリマ宣言では最高会計検査機関が行う外部監査とともに，行政機関が行う内部監査の重要性が強調されている．内部統制と同様に，内部監査の制度が有効に機能していることを確認できれば，外部監査はより効果的に機能するとの考え方が背景にある．内部監査は外部監査と同様に内部監査基準によって実施されるのが通例であり，監査の手続的な性格を規定している．

　以上を整理すれば，公共部門における監査の発展が評価との混同をもたらした要因として，① 業績監査の登場により監査対象が拡大したこと，② 監査がシステム的なアプローチを採用したこと，③ 外部監査が内部監査の役割を強調するようになったことの3点を挙げることができる.

┼ 4．公監査の国際的動向

　諸外国の最高会計検査機関における業績監査の採用は，国際機関であるINTOSAI によって世界的に推進されている．INTOSAI は，公監査に関する基準策定のほか，各国の最高会計検査機関を対象とした能力構築や知識共有を行っている.

　1953年に設立された INTOSAI は，現在では191カ国および EU の最高会計検査機関によって組織されている．INTOSAI は組織の目標として，ゴール1（基準策定），ゴール2（能力構築），ゴール3（知識共有），ゴール4（組織運営）の4つを設定し，ゴールごとに委員会やワーキンググループ，タスクフォースを設置している．このうち，ゴール1ではこれまでにも言及してきた ISSAI やINTOSAI GOV の策定が行われている.

　INTOSAI が策定する国際基準は，監査関連基準である ISSAI とガバナンス関連基準である INTOSAI GOV から構成されている．国際基準を策定する際にはいわゆる二元的アプローチを採用しており，他の基準設定機関が開発した基準をもとに公共部門特有の事項を反映させて基準を策定している［東 2014：67］．業績監査関連の基準には「業績監査の基本原則（ISSAI300）」「INTOSAI監査基準と実務経験に基づく業績監査のための基準とガイドライン（ISSAI3000）」「業績監査ガイドライン——主要原則（ISSAI3100）」がある.

　国際基準として策定される ISSAI であるが，各国の統治機構や法体系を考慮し，加盟国に対して適用を強制されるものではない［東 2014：65］．各加盟国の実情に配慮する必要があるため，あくまで適用促進を促すにとどまるのであ

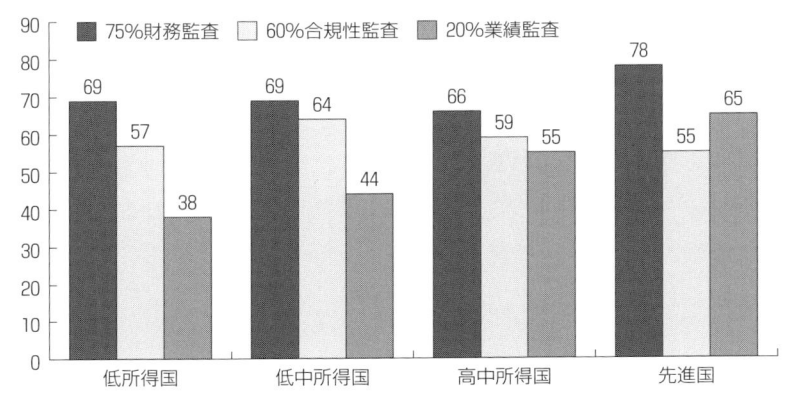

図2－6　発展途上国の監査資源割当状況

出典：IDI [2015] *Performance, Capacities and Needs of SAIs: Global SAI Stocktaking Report 2014*, 19. http://www-ny.idi.no/Filnedlasting.aspx?Mld1=140&Filld=1133 (accessed June 2, 2016).

る．しかし実際には，発展途上国の最高会計検査機関に対する能力構築を目的として，ISSAI に基づく支援が行われている．この支援を実施しているのが，INTOSAI の下部組織である INTOSAI 開発イニシアティブ（INTOSAI Development Initiative: IDI）である．

IDI は1986年に設置され，発展途上国に対する情報提供や研修実施に取り組んでいる．IDI は発展途上国における業績監査の実施状況を調査しており，OECD-DAC リストに基づいて発展途上国を分類し，各分類ごとの監査資源割当状況を明らかにしている．2014年の調査によれば，業績監査に対する監査資源の割当は一人あたり GNI に比例することが理解できる（図2－6）．

IDI は，発展途上国の最高会計検査機関に対して能力開発を実施するため，「IDI 戦略計画2007－2012」を過去に策定していた．これは，個人，組織，制度を対象とした戦略計画である．また，業績測定フレームワークと呼ばれる概念を導入している．業績測定フレームワークを用いることで，最高会計検査機関において行われる戦略，業務，報告に関する各活動を5段階でスコア化し，取り組み改善を促すことが可能となる．

　とくに，監査基準は業績測定フレームワークにおける参照基準として機能している．したがって，発展途上国における最高会計検査機関の場合，最高会計検査機関が監査基準を用いるというよりはむしろ，最高会計検査機関が監査基準への適合を IDI から求められることになる．IDI の戦略計画は，発展途上国の最高会計検査機関における業績監査の採用を促すと考えられる．他方で，最高会計検査機関と他の政府機関とのあいだに軋轢を生じさせる可能性があることに留意する必要がある．

＋ お わ り に

　本章では，理論上は区別される公共部門の評価と監査が，実務上で混同されるようになった背景について検討した．本章の結論はつぎの通りである．

　第 1 に，評価と監査との目的に重複が見られたことが指摘できる．すなわち，評価は学習を，監査は伝統的なアカウンタビリティの追及を目的としてそれぞれ実施されてきたが，アカウンタビリティ概念の拡大やアメリカの GAO によるプログラム評価の採用により，両者の目的には重複が見られるようになったのである．

　第 2 に，評価実務において監査様式の混入が見られたことが指摘できる．具体的にはメタ評価と業績監査である．本来のメタ評価は，監査のように客観性を追求するものではない．しかし，監査との構図の類似から，メタ評価の手続的な側面が強調されている．また業績監査は，評価と監査の中間的な形態として実施されており，INTOSAI を通じて広がりを見せている．

　第 3 に，監査様式混入の背景として，監査対象の拡大，システム的アプローチの採用，内部監査の強調の 3 点を指摘した．監査の類型が業績監査まで拡大し，評価実務は監査様式によって実施されるようになっているが，これを可能とするのは内部統制ないし内部監査が構築されているからである．

　最後に，公監査の国際的動向として，INTOSAI の役割と発展途上国の最高

会計検査機関に対する能力構築について言及した．発展途上国における業績監査への監査資源割当状況は一人あたり GNI に比例しており，INTOSAI は下部機関である IDI を通じてこれら発展途上国の最高会計検査機関に対する支援を行っている．このことは，発展途上国における業績監査のさらなる普及を促進する可能性があり，本章が指摘する実務上の混同を促すことも考えられる．

　本章の課題として，つぎの 2 つを指摘することができる．第 1 に，本章は政策研究や行政学における理論的基盤を提供するものであり，各国での評価実務ならびに監査実務の態様は今後の実証研究に委ねられる必要がある．各国の事例ではなく INTOSAI の議論を敷衍して論じたのはそのためである．

　第 2 に，本章が依拠する参考文献の多くはアメリカの GAO を念頭に置いて書かれたものであり，他国の場合には前提が異なる場合があることに留意する必要がある．つまり，理論が適用される射程を広げるのであれば，統治機構の差異とそれに伴う評価制度や監査制度の差異について考慮される必要がある．

注
1 ）　ただし，この方法を採用することができるのは，厳格な三権分立を採用するアメリカの特殊な統治制度という事情によるからである．アメリカのように，専門スタッフを擁した連邦議会議員が法案を作成したり，GAO のような専門スタッフを多く抱えた議会補佐機関が存在したりしなければ，プロセス・アカウンタビリティの追及にとどまることになる．
2 ）　SAGE 社の *Encyclopedia of Evaluation* では，評価研究をつぎのように定義する．「評価研究とは，以下のためのシステマティックな過程である．(a)プログラム，政策，組織，テクノロジー，人物，ニーズ，活動の強みと弱みを評価すること．(b)それらを改善するための方法を特定すること．(c)望まれたアウトカムが達成されたかどうかを確認すること．評価研究は記述志向，形式志向，プロセス志向，インパクト志向，総括志向，アウトカム志向となりうる．評価研究は，調査者主導，セオリーベース，そして研究対象として評価に焦点を当てる点で，より代表的なプログラム評価とは異なる」［Bickman 2005：141］．
3 ）　GAO の包括的監査については益田［2010：38］，イギリスの VFM 監査については林［1992］を参照．

4） INTOSAI Working Group on Program Evaluation［2010］*Program Evaluation for SAIs: a Primer,* 18-33. http://www.eurosai.org/handle404?exporturi = /export/ sites/eurosai/.content/documents/materials/Program-Evaluation-for-SAIs.pdf（accessed June 2, 2016）.

5） プログラム評価は業績監査のうち有効性を検証する手法として言及されることが多いが，ここでは本章における評価に近い意味で用いられている．レビュー様式で「調査」と呼ぶように，バーゼレイのプログラム評価は「評価研究」をプロトタイプとしているからである．

6） NPM の概念を提唱したフッドは，NPM を「新制度派経済学とマネジリアリズムの結婚」であると表現している［Hood 1991：5］．新制度派経済学を構成するプリンシパル＝エージェント理論では，エージェンシー・スラックの発生を前提としている点で，被統制主体を信用しないために発生する監視コストの計上が不可欠となる．

7） 一般に，製品やサービスが要求された品質に達しているかを検証する活動のことを「品質保証（quality assurance）」という．ISO9001 では，品質保証がマネジメント・システムの一部として組織内部に組み込まれているため，組織外部の認証機関はマネジメント・システムが構築されていることを確認することで保証を提供することができる．品質保証とはすなわち「製品やサービスの品質」ではなく，製品やサービスを産出する「マネジメント・システムの品質」を確認する作業である．これを政府部門に置き換えれば，「プログラムの品質」ではなく，プログラムを実施する「組織環境の品質」を確認する作業である．プログラムの有効性に対する判断は，マネジメント・システムの有効性に対するレビューによって代替されるのである．

8） IDI［2012］SAI Performance Measurement Framework, INTOSAI-IDI website. http://www.idi.no/artikkel.aspx?MId1=102&AId =704（accessed June 2, 2016）.

第 3 章 男女共同参画政策の評価

┼ は じ め に

　本章では，地方自治体における男女共同参画政策を事例に，評価による統制の問題点を明らかにする．男女共同参画政策には2つの柱がある．ひとつが地方自治体の策定する計画であり，もうひとつが男女共同参画政策の拠点施設（一般的に男女共同参画センターや女性センターなどと呼称）である．男女共同参画政策の評価といった場合，前者は計画の進捗管理としての評価，後者は業務委託先や指定管理者の評価として行われることになる．本事例では，地方自治体による拠点施設への管理統制型の評価について検討する．

　男女共同参画政策では，企画部門と執行部門とを分離する新公共経営の考え方が広く導入され，その際には民間部門に委託領域を拡大することが推奨されてきた．「小さな政府」観に基づく効率的な行政運営の要請から，委託先には裁量ある経営が認められてきたのであるが，その一方で情報の非対称性に起因するエージェンシー・スラック，すなわち地方自治体の利益に反する拠点施設の行動に対処するための統制のツールとして評価が用いられてきたのである．

　ただしここで用いられている評価が，理論上はいわゆる業績測定であることに注意する必要がある．業績測定の問題点は，それが「政策内容の業績」を指すのか，それとも政策の実施に伴う「組織活動の業績」を指すのかが判然としていない点にある．評価の理論と実務において，前者の業績はアウトカム，後

者はアウトプットとして区別されるが，実務上はアウトプットが支配的である．男女共同参画政策とその成果の因果関係を立証したり，「男女共同参画が実現された社会とは具体的にどのような状態か」を操作化したりすることには困難が伴うからである．

　本章では，はじめに男女共同参画計画と拠点施設それぞれの評価について検討した上で，男女共同参画政策の分野における評価の問題点について検討する．

╂１．男女共同参画政策の評価における計画と拠点施設

（1）計画の評価

　地方自治体において実施されている代表的な評価が「行政評価」である．男女共同参画政策の評価を理解するために，まずはそれが準拠している行政評価について理解する必要がある．

　行政評価とは，地方自治体の総合計画に記載された施策ないし事務事業を対象に，複数の指標を立てその進捗状況を定期的に把握し管理する活動のことを指す．行政評価は，理論上は「プログラム評価」ではなく「業績測定」に該当する．地方自治体によって名称や方法はさまざまであるが，共通するいくつかの特徴を挙げることができる．

　第1が評価シートの作成であり，すべての事務事業や施策を，統一様式のシートで評価する．第2が総合計画との対応関係であり，政策―施策―事務事業からなる総合計画と行政評価が対応している．第3が指標による評価であり，数値で測定できる指標を設定し達成度を ABC などの等級で評価する．第4が総務系部局による行政評価の所掌であり，原課に自己評価をさせてその結果を総務系部局に集約させている．総務系部局が評価を主導して行うことで，行政評価は管理業務の一環として取り組まれる．

　今日では全国の地方自治体が行政評価を導入しているが，そのモデルとなったのが三重県庁である．三重県庁が1996年に運用を開始した「事務事業評価シ

ステム」は，当時の北川正恭知事が主導した一連の行政改革運動の一角として採用された．導入の目的は事務事業の目標管理および進行管理であり，その具体的な手法として目的評価表の作成が行われたのである［山谷 2012：181］．事務事業評価を通じて，総合計画および予算との連動を意図していたのである．

　三重県は1997年，あらゆる施策および事業を総合的かつ計画的に進めることを目的として，総合計画「新しい総合計画　三重のくにづくり宣言」を策定した．この総合計画は，政策展開の基本方向，政策，施策，基本事務事業および継続事務事業の計5層から構成され，三重県庁内の各部局が所管する個々の事務事業が体系的に整理された．このうちの基本事務事業および継続事務事業を対象に目的評価表を作成することで，事業の進行管理を行い，かつ予算編成に利用しようと試みたのである．その中で総合計画は，事務事業評価を進める際の基礎前提となる枠組みに使われた．このような三重県庁の例は，他の地方自治体から広く参照され，以後の行政評価制度導入のモデルとなった．

　公共部門における評価を理解する上で重要なのは，政策体系である．抽象的な政策は，より具体的に操作化されることで，個々のプログラムおよびプロジェクトに分解される．日本では複数の事業を束ねたものを「施策」と呼び，これを「プログラム」と見なすことがあるが，本来プログラムとは想定したアウトカムを生み出すための活動（政策手段）を選択実施する際の詳細を定め，必要な資源，スケジュールを指定している一種のソフトウェアである［山谷 2012：18-19］．したがって，政策体系におけるプログラムの概念は，下位にある個々のプロジェクトに対しては目的として，上位の政策に対しては手段としてそれぞれ位置づけられることで，目的と手段との因果関係による連関を構築しているのである．それに対して施策は，予算単位や組織単位とも一致しないいわば総合計画上のフィクションである（予算査定の単位は施策ではなく事務事業である）．

　山谷は，政策体系を図示し，公共部門で行われている評価を7種類に整理している（図3-1）．すなわち，① 政策レビュー，広義の政策評価（選挙公約），② プログラム評価（アウトカム対象），③ アウトカム対象の業績測定，④ アウト

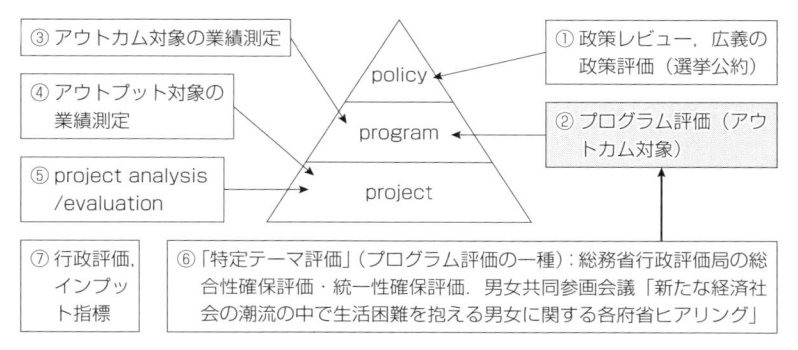

図3-1　評価と測定の関係

出典：山谷［2012：18］.

プット対象の業績測定，⑤プロジェクト分析／プロジェクト評価，⑥特定テーマ評価，⑦行政評価，インプット指標である．①から⑥までの評価は，政策体系のいずれかの層を対象としているが，⑦の行政評価のみが政策体系のいずれをも対象としていない．なぜなら，行政評価が対象とするのは組織活動であり，政策とその政策手段であるプログラムやプロジェクトのアウトカムやインパクトを見て政策，プログラム，プロジェクトの効率性，有効性，公正さを調査する政策評価とは違うからである［山谷 2012：19］.

　総合計画は政策体系として扱われることが多いが，両者は似て非なるものである．政策体系は，上位の抽象的な政策を下位のプログラムとプロジェクトに具体化していくトップダウン型の発想で作成する．それに対して総合計画は，各課が担当する事務事業を積み上げて施策ないし政策といった上位階層の計画を作成していく．事務事業積み上げ型の発想がベースにあるため，「事業計画が，行政各部局からボトムアップ的に提出され，計画全体の調整が不十分なまま処理される」［本荘 2011：51］ことになる．しかし，多くの地方自治体では，総合計画に対応する形で行政評価制度を導入したために，評価を前提とせずに策定した計画を「政策」とみなし，強引に評価システムを作っていった．

　このように，日本の地方自治体においては，総合計画の進行管理を「評価」

と称することになった．その結果，本来の政策の定義や政策体系の構築を行わ
なかったことで，地方自治体はプログラムを欠如したまま評価に取り組まなけ
ればならなかったのである．政策やプログラムを認識できない以上，評価の活
用方針は別に向かわざるを得ない．計画の目標管理および進行管理のみならず，
予算査定，定員管理，内部管理事務および施設管理などの地方自治体の行政活
動，さらには指定管理者評価，地方公営企業評価，地方独立行政法人評価など，
およそ政策ではないものが評価に含められ，それらの総称として「行政評価」
が用いられるようになったのである[1]．

　そもそも本来の行政評価の手法は，理論的には業績測定として分類される．
業績測定による組織管理が日本で受容された背景には，イギリスの新公共経営
（New Public Management: NPM）およびアメリカの 'Reinventing Government'
の思想が存在する［Hood 1991；Osborne and Gaebler 1992］．イギリスのサッチャ
ー改革において見られた業績指標（performance indicator）や結果重視マネジメ
ント（result-based management），そしてアメリカのナショナル・パフォーマン
ス・レビュー（National Performance Review: NPR）および政府業績成果法（Gov-
ernment Performance and Results Act: GPRA）などの管理手法は，政策よりはむ
しろ事務事業をマネジメントするための組織体制および職員意識の改革として
導入された．これら業績測定の手法は，三重県庁の事務事業評価において利用
され，他の地方自治体が目指す行政評価のプロトタイプとして示された．

　このように地方自治体で行われる評価は，政策，プログラムおよびプロジェ
クトを対象とする「政策評価」ではなく，総合計画に基づく行政活動を業績測
定の対象とする「行政評価」として普及した．ここでは男女共同参画政策の評
価も，男女共同参画計画の評価としてすり替えられ，その実態は政策評価では
なく行政評価である．

　地方自治体が男女共同参画社会形成の手段として計画を用いることになった
のは，男女共同参画社会基本法（平成11年6月23日法律第78号）の制定を機にして
いる．男女共同参画社会基本法では地方自治体の責務が定められており，第14

条第１項では都道府県による男女共同参画計画の策定義務，第14条第３項では市町村による男女共同参画計画策定の努力義務が課せられている[2]．2013年に内閣府が実施した調査によれば，都道府県および政令指定都市のすべてと，市区町村の70.3％（うち市区95.1％，町村48.7％）で計画が策定されている[3]．法令上の要請が，男女共同参画政策における計画の役割を重要な地位に位置づけたのである．

男女共同参画計画は，「男女」「男女共同」「男女平等」などの名称を冠する担当部局（課・室）によって所管されている（以下では男女共同参画所管課と記述する）．男女共同参画所管課は計画の評価も担当しており，行政評価における総合計画の進行管理と同様，男女共同参画計画の進行管理を担っている．行政評価は一般に総務系部局による全庁的なマネジメントのツールとして実施されているが，男女共同参画政策の評価の場合も，男女共同参画所管課による計画のマネジメントとして行政評価と同様の体勢がとられている．

（２）拠点施設の評価

男女共同参画所管課にとっての拠点施設は，計画と同様に男女共同参画政策推進の重要な手段である．拠点施設の運営形態は，行政が関与する度合いに応じて直営方式，業務委託方式，指定管理者方式の３つに大別される．また指定管理者方式の場合は，「施設管理のみ指定管理者」の場合と「施設管理・事業とも指定管理者」の場合とに区別される．

そもそも指定管理者制度は，地方自治における公共サービスの担い手を多様化することを目的として導入された（2003年改正地方自治法244条の２第３項）．業務委託（234条１項）や旧管理委託制度（改正前地方自治法244条の２第３項）とは性格を異にする指定管理者制度は，公の施設の管理権限を民間事業者あるいはNPO法人などあらゆる団体に委任することを可能にしたため［三野 2014：124-29］，指定管理者制度では施設管理のみならず，事業運営の一部または全般を委任することで，指定管理者に裁量ある事業運営を行わせることができる．

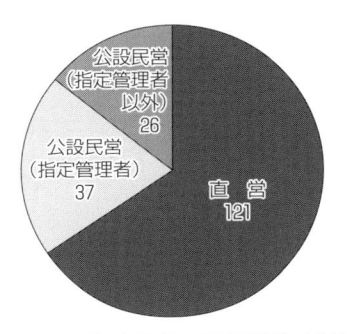

図3-2　拠点施設の運営形態（件数）

出典：内藤・高橋・山谷［2014：11］をもとに
筆者作成.

　ところで指定管理者制度は，さきの「公の施設」の概念が広範であるため，多様な行政サービスが制度の対象となった．総務省が2012年11月に公表した「公の施設の指定管理者制度の導入状況等に関する調査結果」では，全国の都道府県，指定都市および市町村への調査票をもとに，公の施設を5つに分類している[4]．① レクリエーション・スポーツ施設（競技場，野球場，体育館，テニスコート，プール，スキー場，ゴルフ場，海水浴場，国民宿舎，宿泊休養施設等），② 産業振興施設（産業情報提供施設，展示場施設，見本市施設，開放型研究施設等），③ 基盤施設（駐車場，大規模公園，水道施設，下水道終末処理場，ケーブルテレビ施設等），④ 文教施設（県・市民会館，文化会館，博物館，美術館，自然の家，海・山の家等），⑤ 社会福祉施設（病院，特別養護老人ホーム，介護支援センター，福祉・保健センター等）であり，括弧内の施設がそれぞれの内容として例示されている．そして，男女共同参画拠点施設は④の文教施設に分類される．

　内藤らによる調査結果では，拠点施設の管理運営および事業のすべてが地方自治体による直営方式である施設は65.8％と全体の3分の2を占めることが明らかにされている（図3-2）．この結果は，内閣府が2010年に実施した「男女共同参画センターの現状に関する調査」の結果ともおおむね符合する[5]．またこの調査結果では，公設民営の施設のうち指定管理者制度を導入している施設は

6割（58.7％）であり，内閣府の調査結果と比較した場合に若干は乖離するものの，指定管理者制度が導入される傾向にある点では一致している[6]．

　また，指定管理者方式における「施設管理のみ指定管理者」と「施設管理・事業とも指定管理者」との区分については，前者が全体の24.6％であるのに対して，後者は65.2％と３分の２を占めている[7]．施設設置者の種別によって若干の差異はあるものの，「施設管理・事業とも指定管理者」である割合の方が高い点で同じ傾向にある．このことは，男女共同参画の政策内容に携わる指定管理者が多いことを示している．

　拠点施設の運営形態の別は，評価実施の有無において有意な差を生じさせていることが，内藤らの調査結果で明らかにされている（図3-3）．何らかの評価を実施または受けている施設の割合は，直営施設の場合が全体の52.5％であるのに対して，公設民営施設の場合は全体の76.2％と高かった．さらに，公設民営施設のなかでも指定管理者制度導入施設は82.7％ととくに高かった．

　この結果から，地方自治体が業務委託先や指定管理者を管理統制するための手段として「評価」を用いていると考えられる．指定管理者制度はそもそも，

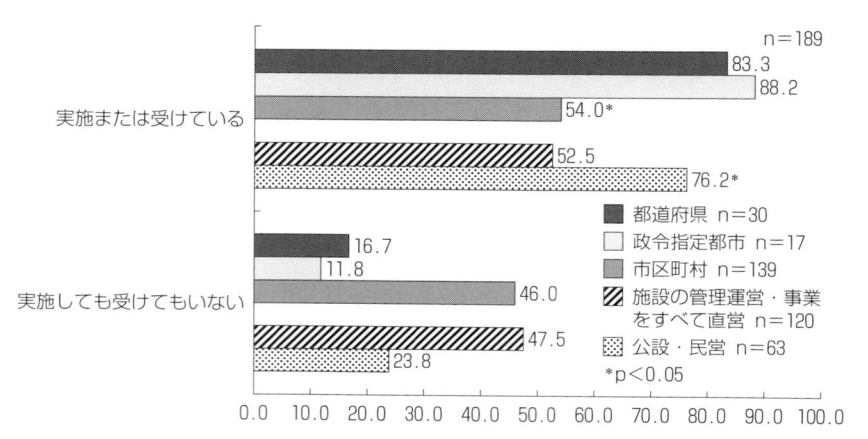

図3-3　評価実施の有無（設置主体別，運営形態別　男女共同参画拠点施設）

出典：内藤・高橋・山谷［2014：13］.

企画部門と執行部門とを分離する NPM や 'Reinventing Government' の考え方を反映している．この場合の評価目的は，地方自治体に対する指定管理者のアカウンタビリティを確保することであり，統制の手段として「評価」が用いられることになる．そしてこの統制は，NPM 理論においては遠隔操作型の 'result-based' の統制を志向していたが，日本の現実は詳細かつ密着型の統制，いわゆる「箸の上げ下ろしに至るまで」口出しする統制にするのが評価だと誤解される事例が多い．

　指定管理者は，たとえ行政からの評価に不満を抱えつつも，これらの評価に応じざるをえない．指定管理料は住民の税金から支出されているため，指定管理者は地方自治体を通じ，住民に対して会計上および法令上の責任から，さまざまな内部規定や細かなルールの遵守義務を負うからである．この責任や義務を果たさない場合は，指定管理者は次回の指定を受けることができない可能性が高い．そもそも指定管理期間には法的制約はないものの，5 年以内の年数で設定されることが多いので，結果として指定管理期間終了後の次回選定における採否が，不満の多い評価実態を容認させ，放置することになってしまう．

　もちろん，指定管理者が住民に対して負う責任や義務には，施設利用者に対する低廉でかつ十分なサービスの提供，ひいては住民に対する政策効果の発現の部分もあり，それもまた指定管理者に期待されている．そもそも指定管理者制度は，多様化する住民ニーズに対してより効率的かつ効果的に対応するため，公の施設の管理に民間活力を活用しつつ，住民サービスの向上を図るとともに，経費の節減を図ることを目的として創設された制度だったからである［岩崎 2009：96］．

　しかし行政による評価は，経費節減や施設の効率的運営などのマネジメントに注目するばかりで，サービスの向上や事業の効果については必ずしも関心を示しているとはいえない事例が多い．このような状況に対して，指定管理者自からこれらを評価しようとする改善のアプローチが 2 つ考えられる．

　第 1 が，政策の改善である．評価の機能は，学習とアカウンタビリティとの

あいだでトレードオフ関係にあることが，評価研究理論ではよく知られている［Lonsdale and Bemelmans-Videc 2007：13］．つまり，評価を責任追及に用いる指向が強ければ強いほど，政策改善に有用な評価結果を得ることが困難になるのである．行政は評価をマネジメントのツールとして利用することで，業務執行上の法令や規定・内規への準拠，あるいは施設の効率的かつ経済的な運営指針へのコンプライアンスについて，指定管理者に責任を負わせることを企図してきた．したがって，指定管理者が政策改善に有効な評価結果をフィードバックすることは，理論的に困難になる．政策改善情報が求められないからである．政策改善に貢献できる評価結果を地方自治体に還元できない以上，指定管理者は自ら活用しようと努力することになる．そして施設によって提供されるサービス内容の改善に熱心な指定管理者はますますこうした努力を重ねていく．

　第2は，職員のエンパワーメントである．エンパワーメントは，ソーシャルワーク分野や男女平等分野あるいは開発援助分野などで歴史を有し，国連やNGOによる国際的活動の中で認知されてきた，時間的および空間的な広がりを持つ概念である［内藤 2012：45-46］．内藤によれば，エンパワーメントとは「女性，有色人種，マイノリティなど，歴史的・構造的に劣位に置かれてきた社会的カテゴリーに属する人々が，劣位に置かれたがゆえに開発発揮を阻まれてきた個人の力を回復し（power-to），連帯・協働して（power-within），自分たちを抑圧してきた社会構造を変革していく（power-with）過程」と定義され，日本では，社会教育や生涯学習の研究と実践に有用な視角，概念として受け入れられていった．

　エンパワーメント評価は，「改善と自己決定を促進する目的で評価概念，技術そして諸知見を実用化すること」として定義され，その定義は1993年のアメリカ評価学会におけるフェターマン学会長講演から踏襲されている［Fetterman and Wandersman eds. 2005：10；邦訳 14］．評価理論においては，エンパワーメント評価は参加型評価に分類される．参加型評価には，ほかに利害関係者評価，協働型評価，実用重視評価などが含まれる［源 2008：99-102］．この中でエンパ

ワーメント評価の特徴は，エンパワーメント評価の参加者が，評価対象となる事業の実施者，協力者，サービス利用者などであり，エンパワーメントは彼らがひとつの「当事者グループ」として力をつけていくことを意味する点にある［源 2003：71］．

　エンパワーメント評価における評価専門家の役割は，利害関係者が自己決定能力を強化するプロセスを側面から支援することである［源 2008：101］．源によれば，具体的には，利害関係者が評価技術を身につけるように働きかけるトレーナーとしての機能，評価活動が評価対象であるプログラムの中に内在化するように助言するコーチの機能，あるいは合意形成を促進するファシリテーターとしての機能がある．エンパワーメント評価には，評価専門家のパターナリズムを否定する側面があり，評価専門家の機能は技術的かつ補完的な支援にとどまるのである［山谷 2000：98-99］．源は，参加型評価における評価専門家と利害関係者の関係を，従来型評価や他の参加型評価手法と比較している［源 2008：99］．

　なお，拠点施設がエンパワーメント評価を実施する場合には，外部の評価専門家を招請する必要があるが，評価専門家としての技能を職員が自ら獲得する動きがある．評価分野あるいは当該業務分野について専門的技能を習得し，その結果として学位や資格を取得する職員が存在する．一例として，日本評価学会が認定する資格である「評価士」が挙げられる．日本評価学会が主催する評価士養成講座を修了し，かつ日本評価学会による認定試験に合格した者に付与される評価士の称号は，評価専門家であることを証明する資格として認識されている．日本評価学会のウェブサイトに掲載されている評価士一覧には，男女共同参画拠点施設の指定管理業務を受託する NPO 法人職員の名前を数多く見つけることができる[8]．

　このように，評価研究の理論に従った場合，評価目的はアカウンタビリティ追及と学習との２つに区別される．そして両者はトレードオフの関係にあり，片方の目的を追求すればもう片方の目的が損なわれる．男女共同参画政策の評

価においては，学習とアカウンタビリティ双方の評価目的が強調されているものの，その実態としてはアカウンタビリティ追及に傾倒した評価活動が行われている．

　その理由としては2つが考えられる．第1に，男女共同参画計画が政策体系となりえず，したがって計画に対する行政活動の準拠性がアカウンタビリティを過度に強調してしまう点である．第2に，「評価」の実態が業績測定すなわち計画の進行管理であり，したがって目標数値への準拠がアカウンタビリティを過度に強調してしまう点である．

┼ 2．男女共同参画政策の評価と実態

（1）業績測定による評価

　内藤らによる調査研究では，聴取・記述された24の評価活動のうち，22活動が業績測定として判断された［内藤・高橋・山谷 2014：24］．聴取事例のほとんどを占めた業績測定であるが，それらの取り組みは制度設計上，文書上，そして口頭説明上も「評価」とされており，「業績測定」という表現が用いられている事例はひとつもなかった．しかし，ここでの評価はプログラムを対象とする政策評価ではなく，計画を対象とする進行管理としての評価であることは明白である．「計画＝政策」の誤解が現場における評価の理解に混乱をもたらし，実務における業績測定と評価の区別を妨げていると考えられる．

　男女共同参画政策における評価のほとんどが業績測定として実施される背景には，つぎの3つの要因が考えられる．第1に，総合計画が行政評価における業績測定手法を助長したのと同様に，男女共同参画計画の策定がその進行管理としての業績測定手法の役割を規定したからである．これはすでに言及したとおりである．

　第2に，計画に基づく評価は，計画によって実施される政策の業績ではなく，計画それ自体を評価するというシステム的なアプローチを誘発するからである．

このことは，第2章で言及した評価と監査の違いと類似している．評価が政策内容に関する調査活動であるのに対して，監査はそうした政策内容の表示形式が基準と照らした場合に不備がないかを確認する活動である．業績測定における基準や目標達成度の強調は，それがアカウンタビリティの要請にかなうものである場合，その本質において監査と変わらない．

　第3に，業績測定におけるアウトカム指標の設定に限界があるからである．ハトリーは業績測定の概念部品として，アウトプットとアウトカムとを区別することを強調する［Hatry 1999：12-22；邦訳 14-26］．プログラムの直接的な生産物や生産されたサービスの量を指すアウトプットに対して，ハトリーはアウトカムを「プログラムがしたことではなく，プログラムをしたことによって生じた結果のことである」と定義している［Hatry 1999：15；邦訳 17］．つまり，アウトカム指標はプログラムの目標がどれだけ達成されたかを示しているといえる．

　しかし，業績測定が抱える問題として，設定されたアウトカム指標の変動に対してプログラムがどれほど寄与したのかを把握することは困難である．設定されたアウトカム指標の変動には，プログラム以外のさまざまな要因が関わっているからである．それらを含めた因果関係の解明に資するのはむしろプログラム評価であり，業績測定がアウトカムの背景や状況の内容を説明することはない［Hatry 1999：5；邦訳 5］．

　また，そもそもアウトカム指標を設定すること自体が困難な作業である．男女共同参画政策の成果を識別するに際し，「男女共同参画が実現された社会とは具体的にどのような状態か」を操作化してアウトカム指標を設定するのはその作業として考えると難しい．たとえばプログラムの実施から直接的かつ自動的に産出されるアウトプット指標と比較した場合に，アウトカム指標はその測定を能動的に行う必要から多くのコストが必要になるであろうし，またプログラムと指標とのあいだの因果関係はますます不明瞭になることが予想されるからである．結果として，アウトプット指標に重点を置いた評価が行われることになる（表3-1）．

表3－1　男女共同参画拠点施設における評価指標の採用状況

採用施設数（％）n＝111

評価の種類		施設		事業		情報発信		職員・組織		財源・経費		その他	
成果		認知度	43(38.7)	参加者の満足度	79(71.2)	HPアクセス数	38(34.2)	外部からの事業委託件数・講師派遣件数	18(16.2)	助成金獲得件数	8(7.2)		
		需要充足率	27(24.3)	全事業に占める協働事業の割合	17(15.3)			職員の講師担当件数	11(9.9)				
				事業からの自主活動誕生数	20(18.0)								
実施結果		稼働率	67(60.4)	性別参加者数	61(55.0)			職員研修実施回数・研修参加数	41(36.9)	事業費に占める参加費の割合	14(12.6)		
		性別利用者・利用件数	77(69.4)	申込者の参加率・受講率	57(51.4)								
実施				事業実施数	83(74.8)	印刷物による広報数	76(68.5)	一人当たりの担当事業数	19(17.1)	経費に占める事業費の割合	44(39.6)		
						HP更新数	17(15.3)						
		施設に係るその他のものさし	16(14.4)	事業に係るその他のものさし	10(9.0)	情報発信に係るその他のものさし	16(14.4)	職員組織に係るその他のものさし	8(7.2)	経費財源に係るその他のものさし	12(10.6)	その他	4(3.6)

施設利用者満足度，図書蔵書数，パソコン利用者数，インフォメーションスタッフの対応，施設の効用利用

資料貸出件数，相談件数，ブログ開設数，関心度，男女共同参画への理解普及度，講座等応募者数，保育スタッフ登録数，講座の開催曜日時間，保育の有無

新聞等に取り上げられた件数，情報誌アンケート回収数，情報誌アンケート内容満足度，情報相談件数，ブログ開設数，中長期計画からのHPアクセス数，メルマガ発行回数，

職員が受けた相談件数，専門性の有無，事業運営の安定性，市人事課の人事評価，執筆活動の件数，中長期計画からのHPアクセス数

利用者1人あたりの経費，自己資本比率，流動比率等財務関係，公益目的事業費の割合，自主財源額，県民スポンサー事業実施数，収支の予算対比，経費節減率（額）

施策評価（性別分業に同感しない人の割合等）

出典：内藤・高橋・山谷［2014：15］を一部修正し引用．

（2）男女共同参画政策における評価の多元化と重層化

　内藤らの調査では，拠点施設が実施または受けている評価について回答結果をまとめている（図3-4）．ここで着目すべきは，その最多が「拠点施設として自ら行う評価」（46.6%）であった点である．その他の回答では，多い順に「自治体から指定管理者として受ける評価」（31.0%），「自治体男女共同参画担当課から受ける評価」（25.9%），「自治体男女共同参画担当課と共同で行う評価」（18.1%），「拠点施設として自ら，外部に委託して行う評価」（10.3%）となるが，これらはいずれも外部からの評価が想定されている．それでは，「拠点施設として自ら行う評価」が最多である事実からは，拠点施設が自らの学習を目的として評価結果を活用していると判断してよいのであろうか.

　拠点施設を対象としてさまざまな評価が多元的に実施されているが，それらはつぎの2つの評価に整理することができる．第1は，地方自治体が拠点施設に対して実施する評価である．男女共同参画所管課は，拠点施設の事業報告や連絡調整などを直接担当している．このほかにも，指定管理者制度を担当する部局から受ける管理運営状況の点検評価や，行政評価制度担当部局から受ける行政評価などが存在しており，直接あるいは男女共同参画所管課を通じて間接に，これらの評価が実施される．地方自治体が設置する外部評価委員会から受ける評価もこちらに区別される.

　第2は，拠点施設が自ら実施する評価である．この場合の評価は，自己評価または内部評価と同義である．地方自治体は，拠点施設の自己評価によって作成された評価書に基づき，メタ評価を実施する．メタ評価によって，自己評価の内容が地方自治体へ適切に反映されることになる．しかし，地方自治体が拠点施設に対して実施する評価の場合も，拠点施設が自ら実施する評価の場合も，外形上は両者を区別することができない．なぜなら，どちらの場合も拠点施設が評価書の策定主体であるからである．そして，この両者にはともに問題がある.

　地方自治体が拠点施設に対して実施する評価の場合，地方自治体の求めに応

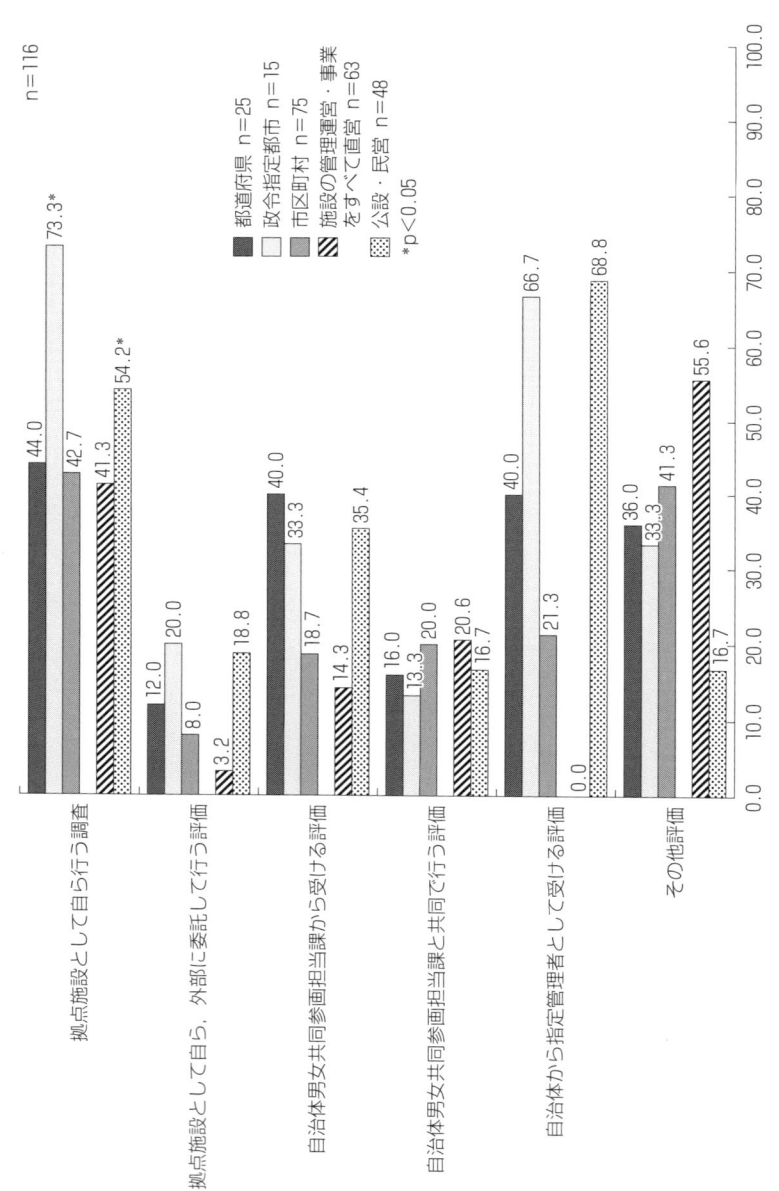

図 3 − 4 実施または受けている評価（設置主体別，運営形態別 男女共同参画拠点施設 複数回答）

出典：内藤・高橋・山谷 [2014：13].

じて拠点施設が評価書を作成するため，提出される評価書はあらかじめ地方自治体職員（一般行政職）が理解でき利用可能な形で作成されている．

　拠点施設が自ら実施する評価の場合，自己評価によって得られた評価結果が必ずしも地方自治体の利用可能な形で作成されているとは限らない．自己評価によって得られた評価結果には政策改善に利用可能なものが多いが，二次評価を実施する男女共同参画所管課の職員は定期異動により入れ替わり，結果として評価に関する専門知識の蓄積ができないため，拠点施設が自己評価をもとに作成する評価書を理解するには困難が伴う．結果として素人の男女共同参画所管課の職員が求めるのは，行政評価と同様，一般行政職の職員であれば常識的に理解できるマネジメントに利用可能な評価結果となる．

　こうして男女共同参画拠点施設の評価は，評価結果をマネジメントに活用する点で行政評価と共通する．そもそも行政評価の制度は，総務系部局が所管していることが多い．都道府県および市町村においては，その組織編成について法的制約が存在しないために自由な組織編成が可能であるが，実際には地方自治体規模の差異に関わらず全国を通じて同様の組織構造となっている[9]．したがって，総務系部局のうち行政評価を所管する部課は，総務，企画，財政の担当課となる．この場合，拠点施設を直接所管する男女共同参画所管課は，総務系部局に対して評価結果を伝達することが求められる．したがって男女共同参画所管課には総務系部局と同様の対応が期待され，それゆえに男女共同参画所管課が拠点施設に対して実施する評価はマネジメントのツールとして機能することになるのである．

　図3-5はヒアリング対象となった男女共同参画所管課および男女共同参画拠点施設をとりまく評価の関係を示した評価マップである[10]．この評価マップからは，複数のアクターがそれぞれ異なる評価を実施していることが理解でき，男女共同参画政策をめぐる評価の多元的構造を把握することができる．

　つまり，一見すると拠点施設は男女共同参画所管課の事業下請けの実施主体として一系統の統制に服するように見えるが，実際は男女共同参画所管課を経

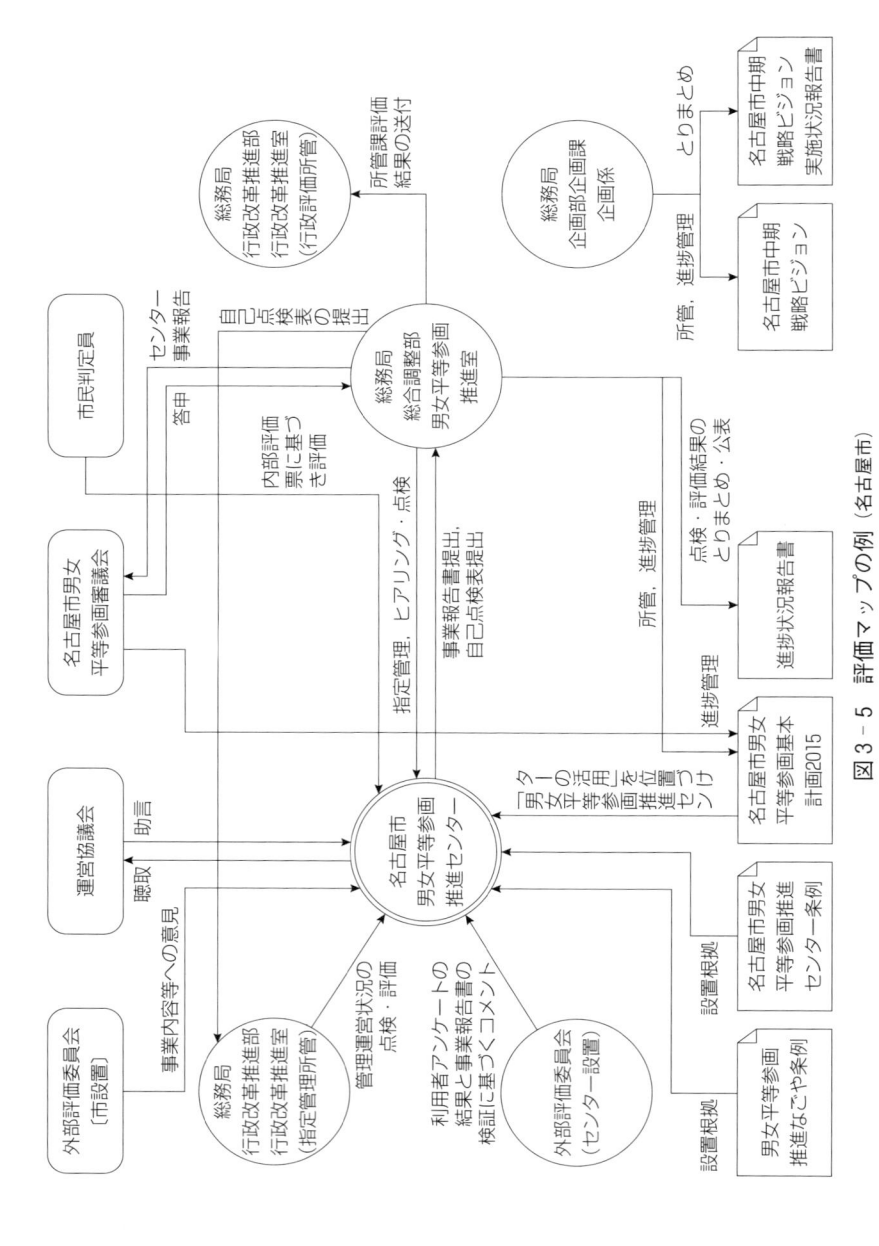

図 3 − 5　評価マップの例（名古屋市）

出典：内藤・高橋・山谷［2014：224］.

由して地方自治体の多元的かつ重層的な評価に服しているのである．他方で，男女共同参画政策に特有の問題も存在する．

この問題は，中央府省における内閣府の役割を想定すれば理解しやすい．国のレベルにおいて男女共同参画政策を所管するのは内閣府男女共同参画局である．内閣府男女共同参画局は，男女共同参画社会基本法に基づいて策定される「男女共同参画基本計画」を所管する立場にあるが，計画に規定される具体的施策の実施を内閣府が直接担当するのではなく，むしろ他の省庁が各施策の担当府省として関与することになる[11]．内閣府は所掌事務として，他の省庁に対する調整的立場を期待されているからである[12]．

内閣府に対する他省庁の役割と同様に，内閣府に対する地方自治体の役割もまた各施策の実施担当としての色彩が強く反映されている．男女共同参画基本法では地方自治体が男女共同参画計画を策定する際に，中央政府の男女共同参画基本計画を参考にすることが求められている．それに基づき，第3次男女共同参画基本計画では推進体制として「地方公共団体との連携の強化」ならびに「地方公共団体との支援の推進」について言及されている．各施策を直接担当する地方自治体に対して，内閣府の役割は地方自治体に対する情報提供や広報啓発などの働きかけ，あるいは計画の進行管理を通じてそれらの実施状況を監視することに限定される．つまり，男女共同参画政策において内閣府は直接の政策手段をほとんど持たないのである．

このことは地方自治体における男女共同参画所管課にもいえる．地方自治体において実施される男女共同参画関連事業の多くは，男女共同参画所管課以外の事業担当課によって担われている．これは内閣府の場合と同様に，男女共同参画政策において男女共同参画所管課は直接の政策手段が限られているからである．男女共同参画所管課が男女共同参画政策のプログラムを主体的に運用できればよいが，実際には別の各事業担当課から提出される取組状況報告や評価結果を受けてとりまとめ，結果として男女共同参画計画の形式的な進行管理として各事業を間接的にモニタリングすることに終始する．つまり，地方自治体

表3-2　男女共同参画政策に関わる部局・施設（静岡市）

男女共同参画課	人事課	農業委員会	障害者福祉課
広報課	商業労政課	産業政策課	建築総務課
福祉総務課	消費生活センター	健康づくり推進課	福祉総務課
生涯学習推進課	市民生活課	戸籍住民課	住宅政策課
教育センター	教育施設課	子育て支援課	国際課
学校教育課	高齢者福祉課	介護保険課	こころの健康センター
教職員課	警防課	児童相談所	保険年金管理課
契約課	防災指導課	子ども青少年相談センター	精神保健福祉課
保育課	地域産業課	教育総務課	スポーツ振興課
総務課	農業振興課	青少年育成課	女性会館

出典：筆者作成.

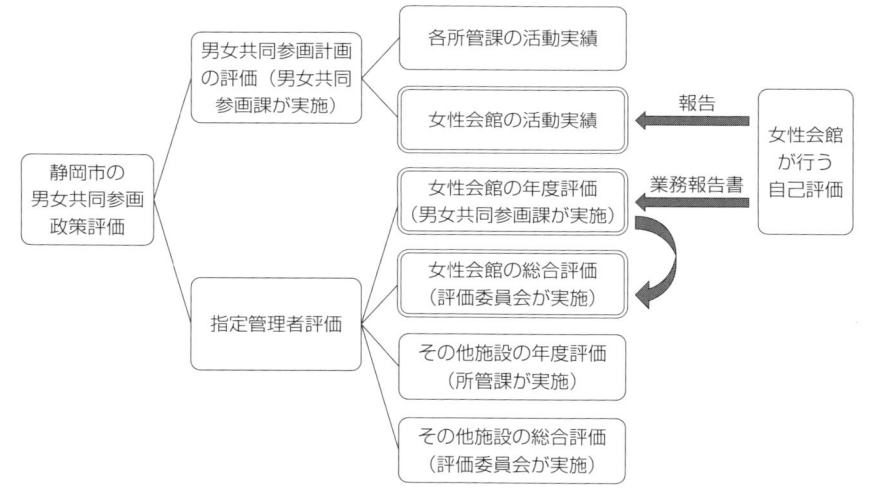

図3-6　静岡市男女共同参画政策の構造

出典：松下［2015］をもとに筆者作成.

のなかで男女共同参画所管課を中心とする各事業担当課への評価が多元的かつ重層的に実施されているのであり，また拠点施設に対する評価もそのような評価のひとつとして位置づけられるのである[13].

　具体例として，静岡市では，表3-2に示すように数多くの部局・施設が男

女共同参画政策に携わっている．男女共同参画所管課は，自らが作り出す指標がある一方，これらの部局・施設から集めた指標に多くを依存している．ここでは拠点施設もそうした施設のひとつに過ぎないのである．また，静岡市の場合，拠点施設は男女共同参画計画の評価として活動実績を報告する一方，指定管理者評価として施設運営に関する業務報告書の提出も行っている（図3‐6）．このように，男女共同参画政策をめぐっては，男女共同参画計画の評価や指定管理者評価など，拠点施設を対象とするさまざまな評価に対応することが求められるのである．

＋　おわりに

　ここで明らかにしたのは，地方自治体で実施される男女共同参画政策の評価について，その実態が政策の評価ではなく計画の「評価」すなわち業績測定であること，そしてそれら業績測定型の評価が多元的かつ重層的に実施されていることであった．本章では，拠点施設が男女共同参画所管課のみならず地方自治体のさまざまな部署からの統制に服していることを明らかにした．また，男女共同参画所管課を中心とする各事業担当課への評価が多元的に実施されており，拠点施設に対する評価もそれら評価のひとつとして位置づけられていたことを明らかにした．

　現状の問題を解決する具体的方法として，2つが考えられる．ひとつがアウトカム指標の開発である．地方自治体が想定する評価の目的は予算管理および計画の進行管理であるため，評価の方法は活動にかかるコストの算定と，活動から生じる直接的なアウトプットの測定が主となり，政策の効果を示すアウトカムの評価は求められていないのが現状である．アウトカム指標を開発することで，拠点施設は現行の枠組みで地方自治体に評価結果をフィードバックすることが可能となる．ただし，アウトカムは指標化するのが困難であり，またアウトカム指標の測定には追加的な評価コストが発生するが，それを負担する覚

悟をもつ地方自治体は少ない．さらに行政が重視する予算編成作業への活用も難しい．こうした現行制度にアウトカム指標を組み込むアイデアの限界を認識した上で，地方自治体と拠点施設の双方が協調し，計画とその評価におけるアウトカム指標を漸進的に開発するのが，現実的な対応ということになる．

　もうひとつが，参加型評価の推進である．参加型評価では，評価プロセスを通じて利害関係者が自らの能力開発を実現することが可能となる．拠点施設の職員や利用者のエンパワーメントを促進するために，参加型評価の導入について検討することが求められる．

　注
　1 ）　山谷は，旧自治省行政局行政体制整備室に設置された「地方公共団体における行政評価についての研究会」（古川俊一座長）が公表した報告書「地方公共団体に行政評価を円滑に導入するための進め方」（2000年 3 月）にて事務事業に内部管理事務が含まれていることを指摘している［山谷 2012：166-68］．この行政評価では，地方自治体のあらゆる活動が評価の対象となる．
　2 ）　内閣府男女共同参画局［発表年不明］「男女共同参画社会基本法逐条解説」（http://www.gender.go.jp/about_danjo/law/kihon/index_02.html, 2016年 6 月 2 日閲覧）．男女共同参画社会基本法第14条では「都道府県は，男女共同参画基本計画を勘案して，当該都道府県の区域における男女共同参画社会の形成の促進に関する施策についての基本的な計画（以下「都道府県男女共同参画計画」という．）を定めなければならない」と定められている．また，第14条第 3 項では「市町村は，男女共同参画基本計画及び都道府県男女共同参画計画を勘案して，当該市町村の区域における男女共同参画社会の形成の促進に関する施策についての基本的な計画（以下「市町村男女共同参画計画」という．）を定めるように努めなければならない」と定められている．なお，市町村の男女共同参画計画策定が努力規定にとどまったのは，その行政規模が多様であり，一律に計画の策定を義務づけることが適当ではないと判断されたからである．また，平成10年 7 月の調査時点で市町村の計画制定が13.3％にとどまっていた事実も与している．
　3 ）　内閣府男女共同参画局［2013］「地方公共団体における男女共同参画社会の形成又は女性に関する施策の推進状況（平成25年度）」（http://www.gender.go.jp/research/kenkyu/suishinjokyo/2013/report.html, 2016年 6 月 2 日閲覧）．
　4 ）　総務省［2012］「公の施設の指定管理者制度の導入状況等に関する調査結果」（http:

//www.soumu.go.jp/menu_news/s-news/01gyosei04_02000015.html, 2016年 6 月 2 日閲覧).

5)　内閣府男女共同参画局［2010］「男女共同参画センターの現状に関する調査——アンケート調査結果報告書」(http://www.gender.go.jp/research/kenkyu/joseicenter/pdf/data.pdf, 2016年 6 月 2 日閲覧).

6)　同上.

7)　同上.

8)　日本評価学会［2016］「日本評価学会認定評価士一覧」(http://evaluationjp.org/activity/training-pro_ichiran.html, 2016年 6 月 2 日閲覧).

9)　都道府県の場合には，1991年の地方自治法改正による「標準局部例」の廃止まで，自治組織権に関する一定の制約が存在した［稲継 2011：134-38］. また，都道府県に対して旧自治省による標準職務表を通じた給料表の指導があったため，地方自治体の組織規模が拡大することで階層分化が進んでも，全国的には比較的類似した組織編成になった［稲継 2011：143-48］.

10)　内藤・高橋・山谷［2014］では，調査対象となった地方自治体および拠点施設ごとの評価マップを掲載している. 図 3 - 5 では，それら個別の評価マップのひとつを図示している.

11)　内閣府男女共同参画局［2010］「第 3 次男女共同参画基本計画」(http://www.gender.go.jp/about_danjo/basic_plans/3rd/pdf/3-26.pdf, 2016年 6 月 2 日閲覧).

12)　内閣府設置法第 4 条には「内閣府は，前条第一項の任務を達成するため，行政各部の施策の統一を図るために必要となる次に掲げる事項の企画及び立案並びに総合調整に関する事務（内閣官房が行う内閣法（昭和二十二年法律第五号）第十二条第二項第二号に掲げる事務を除く.）をつかさどる」として，内閣府の所掌事務が総合調整であることが規定されている. 第 4 条第 9 号には「男女共同参画社会の形成（男女共同参画社会基本法（平成十一年法律第七十八号）第二条第一号に規定するものをいう. 以下同じ.）の促進を図るための基本的な政策に関する事項」，第 4 条第10号には「前号に掲げるもののほか，男女共同参画社会の形成を阻害する要因の解消その他の男女共同参画社会の形成の促進に関する事項」として，総合調整が男女共同参画政策に及ぶ旨が規定されている.

13)　男女共同参画所管課が各事業担当課および拠点施設に対する多元的評価の中心であると判断する理由は，内藤・高橋・山谷［2014］に所収の「評価分析シート」(資料 5) で設定された「指標値の収集方法」欄の記述に根拠を有する. 指標値の収集記録が，事業担当課ならびに拠点施設によって行われていることが把握できる.

第4章　沖縄振興予算の評価

╋　はじめに

　本章は，内閣府の沖縄政策を事例として，中央地方関係における行財政構造を政策評価研究の観点から明らかにすることを目的としている．国が行う地方自治体を対象とした公共政策は，各省庁の所掌に応じて予算と政策それぞれが分担されることが通常であるが，沖縄を対象とした国の政策では，内閣府が予算を一括して計上しそれを各府省につけかえた上で政策を実施する別の態勢がとられている．このように，沖縄が他府県とは異なる政策過程を持つのは，沖縄が固有に抱える「特殊事情」に国が配慮しているからである．すなわち，1972年の沖縄返還によって日本に復帰した沖縄は，その間に本土の経済発展から取り残され，また日米安全保障体制のもとに引き続きアメリカ軍基地が存続することになったのである．そこで国はこれらの問題に対する対応策を，「沖縄政策」として政治的に重要度の高い政策として位置づけたのである．沖縄政策を所管する官庁として旧沖縄開発庁が設置されたのであり，今日では内閣府がこれを継承している．

　本章では，内閣府が行う沖縄振興予算の事後評価に着目し，内閣府の総合調整機能のもとに複雑な運用がなされている沖縄政策の実態を解明する．沖縄では地方自治体による行政評価の実施率が全国平均を下回る一方で，沖縄振興予算については沖縄県内にあるすべての基礎自治体が評価に取り組んでおり，こ

れは他府県には見られない特殊な事例である．この評価は，事業ごとの評価シート作成や成果指標の設定など，外見上は全国の地方自治体で取り組まれている行政評価と類似している．しかし，評価結果を地方自治体自らの政策改善や業務改善に用いる行政評価とは異なり，沖縄振興予算の評価結果は，国の沖縄政策に関する基礎資料として提供されることを目的とする．

　沖縄振興予算は，その使途が限定されていることから概念上は国庫支出金に分類される．他府県の場合，地方自治体に対する国庫支出金は各省庁が個別に計上し交付するが，沖縄県の場合，沖縄振興予算として内閣府が一括計上する．沖縄振興予算では，事業に対して沖縄県と市町村自らが事後評価を行うことが，内閣府の「沖縄振興特別推進交付金交付要綱」と「沖縄振興公共投資交付金制度要綱」で定められている．事後評価の目的は，現場レベルにおける管理活動，補助金の適正執行にかかる財政統制，内閣府が政策評価を行う際の情報提供などが考えられる．政策評価が政府プログラムの正当化や地方自治体を管理統制する手段として用いられることで，中央地方関係において地方自治体の自治権を侵害することが懸念される．本章では，沖縄をめぐる中央地方関係を規定する沖縄振興予算の仕組みについて検討した上で，沖縄振興予算の事後評価の過程を沖縄と内閣府双方の立場から検討する．

十１．これまでの沖縄政策研究

　沖縄政策については，いくつかの関連する先行研究を挙げることができる．沖縄の振興政策は，国策として過去に行われてきた地域開発政策の延長線上として行われてきた．戦後の国土計画として数次にわたって策定された全国総合開発計画に呼応する形で，地域計画としての沖縄振興開発計画は策定されたのである．ただし，沖縄の歴史的な事情を考慮し，他の地域における開発政策とは異なる次元に位置づけられた．

　地域開発政策としての沖縄政策については，北海道開発政策との共通性を指

摘することができる［山崎 2016］．旧北海道開発庁は開発計画を策定していることから計画官庁であり，さらに事業の実施官庁ではなく予算官庁であった［伊藤 1972］．計画や予算との深い関連性については沖縄政策においても同様に見られる．北海道開発政策と沖縄政策に共通しているのは，それを推進する旧北海道開発庁と旧沖縄開発庁のいずれもが領域別省庁に位置づけられる点である．

　領域別省庁とは行政組織の空間分割を説明する概念であり，機能別省庁に対応する用語である［金井 1998：166-68］．一般的に行政組織は担当する政策分野の拡大に応じて機能別に組織分化することになるが，他方で空間の分割によって領域別に組織分化する例も存在する．領域別省庁の例には，政策機能分野が限定された形態として旧北海道開発庁と旧沖縄開発庁があるほかに，一国空間外に対応するという点で外務省，また類似の形態として旧拓務省や旧大東亜省を挙げることができる［金井 1998：167］．こうした傾向を踏まえれば，領域別省庁は「外国」「外地」「周辺」に対応しており，それに対して機能別省庁は「内国」「内地」「中心」によることになる［金井 1998：167］．

　領域別省庁制をとると，当該領域において実施されるさまざまな事業が計画によって一元的に管理されることになる．本来は多岐に分化している行政機能を一調整機関の一元的な計画のもとに統一することは，計画の「総合性」よりはむしろ計画の「複雑性」を高める方向に向かう「調整の局処化」の試みである［西尾 1990：229］．西尾は，関係予算の一括計上と実施段階での個々的な移し替えを「調整の局処化」のひとつの手段としており，また「調整の局処化」は対象地域の「局地化」を意味する際にとくに活用されることを指摘している［西尾 1990：229］．この指摘は，沖縄振興予算が内閣府によって一括計上されその後に他省庁へ移し替えられて執行される点や，内閣府が沖縄県域における学校や道路などの社会資本整備に関する事業を局地的に所管している点と符合しており，沖縄政策の計画と予算に伴う総合調整の問題を考える上での手がかりとなる．

　沖縄振興予算は，領域別省庁としての性質を有する内閣府沖縄担当部局によって一元的に管理されるほかに，通常の地方自治体向けの予算とは異なる特例的な措置がとられている．沖縄振興予算は沖縄県域を対象とした国庫支出金の総称であり，基本的には他の地方自治体に対して交付される国庫支出金と同じ性格を有している．他方で，旧沖縄振興開発特別措置法（昭和46年12月31日法律第131号）および沖縄振興特別措置法（平成14年3月31日法律第14号）は，沖縄で実施される公共事業について国庫補助負担の高率補助（嵩上げ補助）を規定しており，北海道開発や奄美群島振興開発と同様に本土よりも高い国の負担率や補助率が適用される［松浦 2006：119］．また，2012年度に導入された沖縄振興一括交付金制度は，事業の自主的な提案が可能であるなど他の地方自治体では見られない特徴を有している．

　島袋は，民主党政権下における沖縄振興一括交付金導入の経緯をまとめている［島袋 2014：276-84］．島袋は，沖縄の自治という観点から振興予算の問題点について，総額約3000億円という点がもたらすメッセージ性，補助要綱による統制，予算規模の継続性などを指摘している．また，振興予算の非公式な側面，すなわち基地政策とリンクさせることで補償としての性格を有する懸念も指摘されている．川瀬もまた，現在の振興予算が，沖縄を対象に行われてきた基地維持のための特別な財政施策の延長線上にあることを指摘している［川瀬 2013］．沖縄振興予算については肯定的な側面と否定的な側面とがさまざまに指摘されている．

　沖縄振興予算の論点には，国庫支出金の適正執行を確保するために行政的に行われる予算統制の観点と，沖縄振興をめぐって政治的に行われる予算統制の観点とが混在している．沖縄振興予算に関連して行われる評価は基本的に前者の観点から行われることになる．すなわち「一括交付金は自治体の固有財源ではないため，国によって政策効果を検証する手続きを踏まなければならず，使途の自由度が高い一方で自治体の側に説明責任が伴う」［山崎 2016：28］のである．補助金によって行われた事業の成果を検証することで事後的に統制するた

めに評価が用いられることになる．他方で，評価結果が内閣府の沖縄振興審議
会に上程されたり次年度以降の予算を編成する際の参考資料とされたりするな
ど，後者の観点からも評価が行われることになる．

　内閣府が所管する沖縄政策は，調整の局処化および局地化の結果として，予
算と計画のレベルで複雑性を増大させている．沖縄政策は，所管する内閣府に
よって必ずしも十分に統制されているとはいえず，複雑な予算過程を経てさま
ざまな省庁が部分的な統制を及ぼしているのである．このことは結果として，
沖縄政策における政府のアカウンタビリティ，すなわち透明性と統制可能性を
低下させることになる．本章では，沖縄振興予算の評価制度について検討する
ことを通じて，沖縄政策におけるアカウンタビリティ確保の問題点を明らかに
する．

＋　2．沖縄振興予算の概要

　沖縄政策の柱は，沖縄振興計画（旧沖縄振興開発計画）の策定および沖縄振興
予算の一括計上である．旧沖縄振興開発計画は1972年の復帰直後に策定され，
10年間の計画期間ごとに改定を重ねており，これまでに5つの計画が策定され
ている．そのうち，第1次沖縄振興開発計画（昭和47年12月18日内閣総理大臣決定），
第2次沖縄振興開発計画（昭和57年8月5日内閣総理大臣決定），第3次沖縄振興開
発計画（平成4年9月28日内閣総理大臣決定），沖縄振興計画（平成14年7月10日内閣総
理大臣決定）は国が策定している（表4‐1）．

　これまで国が策定してきた沖縄振興開発計画と沖縄振興計画であるが，2012
年の沖縄振興特別措置法改正に伴い，沖縄振興計画（沖縄21世紀ビジョン基本計
画）からは策定主体が国から沖縄県に変更されている（図4‐1）．法改正前は，
国が策定した沖縄振興計画に基づいて沖縄県は分野別計画を策定してきた．沖
縄振興計画では，沖縄振興の基本方針に関する事項や産業振興，雇用促進・人
材育成，社会資本の整備等に関する事項を定めており，手続上は沖縄県知事が

表4－1 沖縄振興開発計画および沖縄振興計画の概要

項目	第1次沖縄振興開発計画	第2次沖縄振興開発計画	第3次沖縄振興開発計画	沖縄振興計画
1 策定時期	昭和47年12月18日内閣総理大臣決定	昭和57年8月5日内閣総理大臣決定	平成4年9月28日内閣総理大臣決定	平成14年7月10日内閣総理大臣決定
フォローアップ(沖縄振興審議会にて調査審議) ・後期展望	昭和51年11月24日「沖縄振興開発計画の中期展望について」	昭和62年2月14日「第2次沖縄振興開発計画の展望と概略」	平成3年3月25日「第3次沖縄振興開発計画全体展望」	
・後期展望以降	昭和56年6月21日内閣総理大臣に意見具申(沖縄の振興開発について)	平成3年6月12日内閣総理大臣に意見具申(沖縄の振興開発について)	平成13年6月3日内閣総理大臣に意見具申(沖縄の振興について)	平成13年6月9日内閣総理大臣に意見具申(沖縄の振興について)
2 計画期間、目標年次	昭和47年度～昭和56年度までの10ヶ年	昭和57年度～平成3年度までの10ヶ年	平成4年度～平成13年度までの10ヶ年	平成14年度～平成23年度までの10ヶ年 平成23年度(平成23年度)
3 計画の目標	・本土との格差の早急な是正 ・自立的発展の基礎条件の整備 ・平和で明るい豊かな沖縄県を実現	・本土との格差の是正 ・自立的発展の基礎条件の整備 ・平和で明るい活力ある沖縄県を実現	・本土との格差の是正 ・広く我が国の経済社会及び文化の発展に寄与する特色のある地域として整備 ・平和で活力に満ち潤いのある沖縄県を実現	・自立的発展の基礎条件の整備 ・我が国及びアジア・太平洋地域の社会経済及び文化の発展に寄与する特色のある地域の整備 ・平和で安らぎと活力のある沖縄県を実現
4 基本姿勢				・参画と責任 ・選択と集中 ・連携と交流
5 基本方向	・社会資本の整備 ・社会経済の拡大および保健医療水準の確保 ・自然環境の保全および伝統文化の保護育成 ・豊かな人間性の形成と県民福祉の開発 ・産業の振興開発 ・国際交流の場の形成	・特色ある産業の振興開発と基盤整備 ・豊かな人間性の形成と多様な人材の育成 ・住みよい生活環境の確保と福祉・医療の充実 ・均衡のとれた地域社会の形成と活力ある島としての発展 ・地域特性を生かした国際交流の場の形成	・自立を目指した特色ある産業の振興 ・経済社会の連携に対応した南の交流拠点の形成 ・世界水準の知的クラスターの形成 ―大学院大学を中心として― ・良好な生活環境の確保と福祉・医療の充実 ・都市的魅力の整備と離島・過疎地域の活性化	・民間主導の自立型経済の構築 ・アジア・太平洋地域の発展に寄与する地域の形成 ・世界水準の知的クラスターの形成 ―大学院大学を中心として― ・安らぎと潤いのある生活空間の創造と健康福祉社会の実現 ・持続的発展のための人づくりと基盤づくり ・県土の均衡ある発展と亜熱帯・島嶼圏への対応
6 部門別の推進方向と施策の展開	・交通通信体系の整備 ・水資源の開発および保全とエネルギーの確保 ・生活環境施設の整備 ・社会福祉の拡充と保健医療の確保 ・教育および文化の振興 ・自然環境の保全と観光の開発 ・産業の振興開発 ・労働力の安定と労働者福祉の向上 ・離島の振興	・交通通信体系の整備 ・水資源の開発および保全とエネルギーの確保 ・観光・レクリエーションの振興 ・生活環境施設の整備 ・自然環境施設の整備 ・教育および文化の振興 ・社会福祉の拡充と保健医療の確保 ・労働力の安定と労働者福祉の充実 ・国際交流の場の形成と推進 ・離島の振興	・産業の振興開発 ・交通通信体系の整備 ・水資源の開発及びエネルギーの確保 ・観光・リゾート地の形成及びレクリエーションの振興 ・南の国際交流拠点の形成 ・教育・農山漁村の総合的整備と生活環境施設等の整備 ・自然環境と国土の保全及び公害の防止 ・社会福祉の充実 ・教育及び学術・文化の振興 ・職業の安定と労働者福祉の向上 ・離島の振興	・産業の振興と雇用の開発 ・雇用の安定と職業の開発 ・科学技術の振興と国際協力・協力の推進 ・環境共生社会と高度情報通信基盤の形成 ・保健福祉社会の実現と安全・安心な生活の確保 ・多彩な人材育成と文化の振興 ・持続的発展を支える基盤づくり ・離島・過疎地域の活性化と地域づくり ・駐留軍用地跡地の活用と利用の促進
7 圏域別開発(振興)の方向	(県土の開発利用の中で圏域別開発の方向を記述。中南部圏、北部圏、宮古圏、八重山圏)	中南部圏、北部圏、宮古圏、八重山圏	中南部圏、北部圏、宮古圏、八重山圏	北部圏域、中部圏域、南部圏域、宮古圏域、八重山圏域(それぞれの圏域の振興の方向)を記述
8 フレーム ①総人口 ②就業者数 ③労働力人口 ④県内総生産 構成比: 第1次産業 第2次産業 第3次産業 ⑤一人当たり県民所得	(計画期間中) ①100万人を超える ②246万人 ③― ④1兆円程度(生産所得) 5% 30% 65% (県民一人当たり所得) 基準年次の33万円から3倍近くになる	①平成3年 120万人を超える ②平成3年 51万人を超える ③平成3年 65万人 ④平成3年 おおむね2兆4,000億円(昭和55年度価格) 平成3年度 6% 24% 73% ⑤平成3年度 約200万円(昭和55年度価格)	①平成13年 130万人を超える ②平成13年 約63万人 ③平成13年 約65万人 ④平成13年度おおよそ4兆9千億円 県内総生産(平成2年度価格) おおよそ3% おおよそ22% おおよそ75% ⑤平成13年度 310万円を超える(平成2年度価格)	①平成23年 約139万人程度 ②平成23年 約67万人 ③平成23年 約70万人 ④平成23年 約4兆5千億円 県内総生産(平成12年価格) 2% 16% 82% ⑤平成23年度 270万円を超える(平成12年価格)

出典：内閣府「沖縄振興開発計画・沖縄振興計画の概要」(http://www8.cao.go.jp/okinawa/siryou/singikai/koukitenbou/gaiyou.pdf、2016年12月16日閲覧).

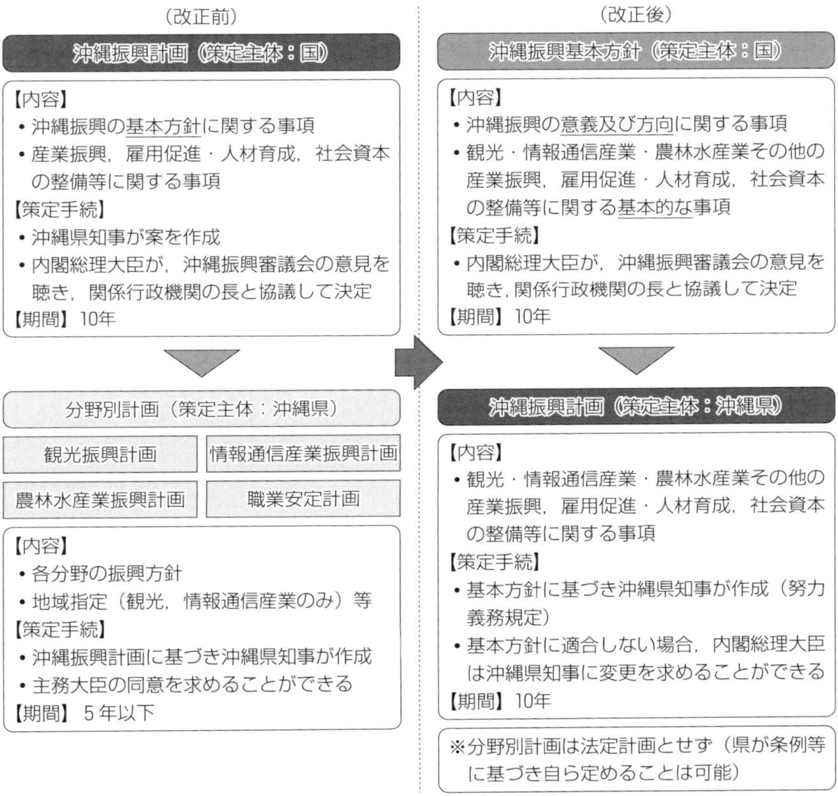

図 4 - 1　改正沖縄振興特別措置法による計画制度の改正

出典：内閣府「沖縄振興特別措置法のあらまし」(http://www8.cao.go.jp/okinawa/pamphlet/okishin hou-aramashi/aramashi2012.pdf, 2016年12月16日閲覧).

作成した案を内閣総理大臣が決定してきた．沖縄県は，国が策定した沖縄振興計画に基づき，各分野の振興方針として「観光振興計画」「情報通信産業振興計画」「農林水産業振興計画」「職業安定計画」などの分野別計画を策定してきた．手続上は沖縄県知事が分野別計画を作成し，それぞれの分野を所管する主務大臣の同意を求めることができるとされていた．

　法改正後は，沖縄振興計画の策定主体は国から沖縄県に変更され，国は新た

に「沖縄振興基本方針」を策定することになった．沖縄振興基本方針では，沖縄振興の意義および方向に関する事項や，観光・情報通信産業・農林水産業その他の産業振興，雇用促進・人材育成，社会資本の整備等に関する基本的な事項を定めており，手続上は内閣総理大臣が決定することとされた．沖縄県は，国が策定した沖縄振興基本方針に基づき，これまで国が策定した沖縄振興計画を代わりに作成することとなった．手続上は沖縄県知事が沖縄振興計画を作成するが，国の定める沖縄振興基本方針に適合しない場合は内閣総理大臣が沖縄県知事に計画の変更を求めることができると定められた．

　法改正により沖縄振興計画の策定主体が国から県に変更された背景には，従来の沖縄政策と比較して沖縄県の主体性をより尊重しようとする政治的配慮がある．ただし，国は新たに沖縄振興基本方針を策定することで引き続き沖縄政策に関与している．また，国の沖縄振興基本方針に適合しない県の沖縄振興計画は変更を求めることができるとされたことで，沖縄政策に関する最終的な決定権を国が有する状況は引き続き維持されている．

　沖縄政策にかかるもうひとつの柱が，沖縄振興予算の一括計上である．沖縄振興計画に記載された事業は多岐にわたるため，その実施にはさまざまな省庁が関わる．しかし，沖縄政策の場合，事業の予算をそれぞれの省庁が計上するのではなく，内閣府が一括計上する特徴を有している．

　平成28年度の沖縄振興予算は約3350億円が計上されており，おもに，沖縄振興一括交付金約1613億円（沖縄振興特別推進交付金約806億円と沖縄振興公共投資交付金約807億円の総額），国直轄事業および地方自治体への補助事業にかかる公共事業関係費等約1423億円，沖縄科学技術大学院大学学園関連経費約167億円などで構成されている[1]（図4-2）．

　なお，平成28年度沖縄振興予算の内訳詳細については以下の通りとなっている．すなわち沖縄振興交付金事業推進費1612.91億円（沖縄振興特別推進交付金806.35億円，沖縄振興公共投資交付金806.55億円），公共事業関係費等1423.25億円（公共事業関係費1329.02億円，沖縄教育振興事業費94.23億円），駐留軍用地跡地利用推

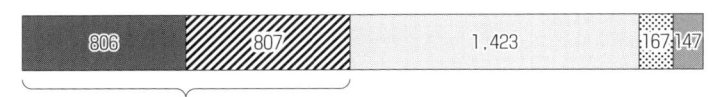

図4-2　平成28年度沖縄振興予算の内訳（億円）

出典：筆者作成.

進経費12.55億円，沖縄子供の貧困緊急対策経費10.00億円，沖縄北部連携促進特別振興事業費25.72億円，戦後処理経費29.08億円（不発弾等対策経費26.54億円，対馬丸遭難学童遺族給付経費0.03億円，対馬丸平和祈念事業経費0.20億円，位置境界明確化経費0.09億円，沖縄戦関係資料閲覧室事業経費0.15億円，所有者不明土地問題の解決に向けた実態調査2.07億円），沖縄科学技術大学院大学学園関連経費167.26億円（沖縄科学技術大学院大学学園運営費146.75億円，沖縄科学技術大学院大学学園施設整備費20.51億円），沖縄振興開発金融公庫補給金9.70億円，鉄軌道等導入課題詳細調査1.50億円，沖縄県北部地域大型観光拠点推進調査（仮称）1.24億円，沖縄振興推進調査費0.62億円，その他の経費55.87億円によって構成されている[2].

　沖縄振興予算を特徴づけるのが，その計上方法である．まず，国から交付される地方自治体の財源には大きく分けて次の2つが存在する．ひとつが地方交付税であり，地方自治体間の財政格差を是正することを目的としている．地方交付税は，地方税と同じく使途自由な財源（一般財源）として交付される．もうひとつが国庫支出金である．国庫支出金は，使途があらかじめ決まっている紐付き財源（特定財源）として交付される．国庫支出金は「国と地方公共団体の経費負担区分に基づき，国が地方公共団体に対して支出する負担金，委託費，特定の施策の奨励又は財政援助のための補助金等[3]」として定義されており，地方自治体が実施する特定事業の全部または一部の経費を国が負担することを意味する．

　沖縄振興予算は，その使途が限定されていることから，概念上は国庫支出金

に分類される．他府県の場合，地方自治体に対する国庫支出金は各省庁が個別に計上し交付を行う．それに対して沖縄県の場合，内閣府が沖縄振興予算として一括計上する．したがって，沖縄振興予算と同様の予算は他府県にも国庫支出金として交付されており，他府県との違いは予算の計上方法の違いによって特徴づけられるといえる．

　沖縄振興公共投資交付金や公共事業関係費等については他府県と比べて高率補助が適用されるなど，これらは沖縄振興予算における特例的な措置として存在する．ただし，高率補助自体は沖縄振興予算独自の制度ではない．たとえば，文部科学省大臣官房文教施設企画部施設助成課が所管している国庫補助事業として公立学校施設整備費負担金や学校施設環境改善交付金が存在するが，そこでは高率補助の根拠となる法令や要綱が挙げられている[4]．すなわち，離島振興法，過疎地域自立促進特別措置法，豪雪地帯対策特別措置法，成田国際空港周辺整備のための国の財政上の特別措置に関する法律，沖縄振興特別措置法，奄美群島振興開発特別措置法，小笠原諸島振興開発特別措置法，水源地域対策特別措置法，山村振興法，筑波研究学園都市建設法，北方領土問題等の解決の促進のための特別措置に関する法律，原子力発電施設等立地地域の振興に関する特別措置法，沖縄県公立学校施設整備費国庫補助要綱，駐留軍等の再編の円滑な実施に関する特別措置法，地震防災対策強化地域における地震対策緊急整備事業にかかる国の財政上の特別措置に関する法律，地震防災対策特別措置法，活動火山対策特別措置法はいずれも高率補助の根拠であり，沖縄振興特別措置法のほかにも他府県を対象とする高率補助の規定が数多く存在することを確認できる（表4‐2）．

　沖縄振興特別措置法の第105条（国の負担又は補助の割合の特例等）では「沖縄振興計画に基づく事業のうち，別表に掲げるもので政令で定めるものに要する経費について国が負担し，又は補助する割合は，当該事業に関する法令の規定にかかわらず，同表に掲げる割合の範囲内で政令で定める割合とする．この場合において，当該事業に要する経費に係る地方公共団体その他の者の負担又は補

表 4 - 2 　高率補助を定める特別法の例

○ 離島振興法	○ 原子力発電施設等立地地域の振興に関する特別措置法
○ 過疎地域自立促進特別措置法	
○ 豪雪地帯対策特別措置法	○ 駐留軍等の再編の円滑な実施に関する特別措置法
○ 成田国際空港周辺整備のための国の財政上の特別措置に関する法律	○ 地震防災対策強化地域における地震対策緊急整備事業にかかる国の財政上の特別措置に関する法律
○ 沖縄振興特別措置法	
○ 奄美群島振興開発特別措置法	○ 地震防災対策特別措置法
○ 小笠原諸島振興開発特別措置法	○ 活動火山対策特別措置法
○ 水源地域対策特別措置法	○ 半島振興法
○ 山村振興法	○ 後進地域の開発に関する公共事業に係る国の負担割合の特例に関する法律
○ 筑波研究学園都市建設法	
○ 北方領土問題等の解決の促進のための特別措置に関する法律	

出典：筆者作成.

助の割合については，他の法令の規定にかかわらず，政令で特別の定めをすることができる」と定められている．この別表では国庫負担および補助の割合について数値の範囲が記載されており，沖縄振興特別措置法施行令（平成14年3月31日政令第102号）ではこの範囲内で国庫負担および補助の割合が別途別表に規定されている（表4 - 3）．沖縄振興予算のうち，沖縄振興公共投資交付金および公共事業関係費等による事業にはこの別表に基づき高率補助が適用される．なお，沖縄振興特別推進交付金による事業にも10分の8の高率補助が適用され，さらに地方負担（補助裏）の半分に地方交付税が措置されるため実質的には10分の9の補助が行われる．

　条文中の記述からも明らかであるように，沖縄振興特別措置法における高率補助の規定は，他の法令に対して優先する特別法として機能する．たとえば，公立の義務教育施設の整備に対する国庫負担等について，義務教育諸学校等の施設費の国庫負担等に関する法律（昭和33年4月25日法律第81号）はその割合を2分の1と定めているが，沖縄振興特別措置法は10分の8.5以内と定めている．このように，各省庁が所管する国庫支出金については個別の法令によって補助率が規定されているが，沖縄を対象とする事業の場合には沖縄振興特別措置法および施行令の規定が適用されることで高率補助率への嵩上げが行われること

表 4－3 沖縄振興特別措置法に定める高率補助率（27種類）

項	事業の区分		国庫の負担又は補助の割合の範囲
一	農業試験研究施設	農業改良助長法	十分の九・五以内
二	土地改良	土地改良法	十分の九・五以内
三	林業施設	森林法	十分の九・五以内 (原則)
四	漁港	漁港漁場整備法	十分の九・五以内 (原則)
五	道路	道路法	十分の九・五以内 (原則)
六	港湾	港湾法	十分の九・五以内 (原則)
七	空港	空港法	十分の九・五以内 (原則)
八	公営住宅	公営住宅法	十分の七・五以内
九	住宅地区改良	住宅地区改良法	十分の七・五以内
十	水道	水道法	十分の九以内
十一	し尿処理施設及びごみ処理施設	廃棄物の処理及び清掃に関する法律	十分の五以内
十二	都市公園	都市公園法	十分の五以内
十三	下水道	下水道法	四分の三以内
十四	消防施設	消防施設強化促進法	三分の二以内
十五	感染症指定医療機関	感染症の予防及び感染症の患者に対する医療に関する法律	十分の七・五以内
十六	保健所	地域保健法	十分の七・五以内
十七	精神科病院	精神保健及び精神障害者福祉に関する法律	十分の七・五以内
十八	児童福祉施設	児童福祉法	十分の八以内
十九	身体障害者社会参加支援施設	身体障害者福祉法	三分の二以内
二十	生活保護施設	生活保護法	十分の七・五以内
二十一	老人福祉施設	老人福祉法	十分の七・五以内
二十二	義務教育施設等	公立の義務教育諸学校等の施設費の国庫負担に関する法律、産業教育振興法、理科教育振興法、へき地教育振興法、学校給食法	十分の八・五以内
二十三	高等学校教育施設等	公立の高等学校教育諸学校等の施設費の国庫負担に関する法律、産業教育振興法、理科教育振興法	十分の七・五以内
二十四	砂防設備	砂防法	十分の九・五以内 (原則)
二十五	海岸	海岸法	十分の九・五以内 (原則)
二十六	地すべり防止施設	地すべり等防止法	十分の八以内
二十七	河川	河川法	十分の九以内

出典：沖縄振興特別措置法別表（第105条関係）を一部修正して引用．

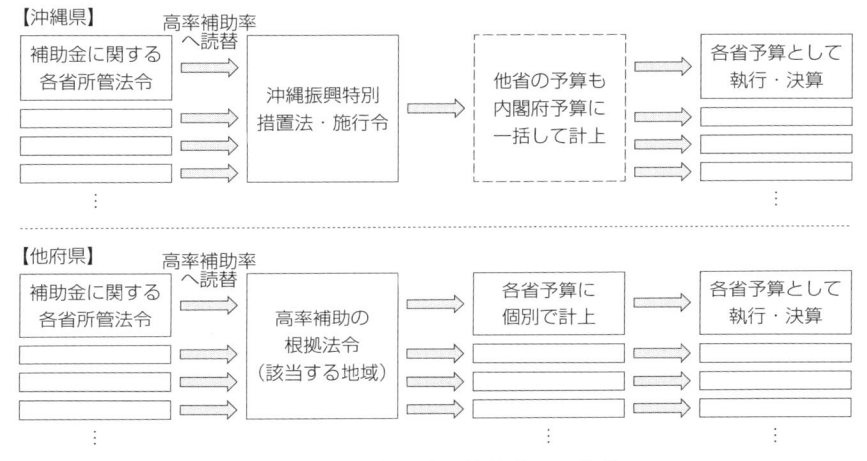

図4‑3　高率補助の他府県との比較

出典：筆者作成.

になるのである.

　各省庁の国庫支出金によって沖縄で実施される公共事業は，基本的に各省庁で予算執行と決算が行われる．ただし，沖縄振興予算として一括計上されることで総額が表示される点で，他府県における国庫支出金による公共事業とは異なる．他府県の場合は各省庁の予算として個別に表示されるのに対して，沖縄の場合には沖縄振興予算という形で内閣府の予算として総額が表示されるのである（図4‑3）.

　沖縄振興予算のおよそ半分を占める沖縄振興一括交付金は，2012年の沖縄振興特別措置法改正によって創設された制度である．沖縄振興一括交付金は，沖縄振興にかかるソフト面での事業に交付される沖縄振興特別推進交付金と，公共投資にかかるハード面での事業に交付される沖縄振興公共投資交付金から構成される．沖縄振興特別推進交付金と沖縄振興公共投資交付金のいずれも，沖縄県内の市町村からの自主的な事業選択に基づき，沖縄県を通じて内閣府に交付申請が行われる．内閣府は提案された事業に対して予算を一括計上し，沖縄振興特別推進交付金の場合は内閣府が沖縄県に交付し，沖縄振興公共投資交付

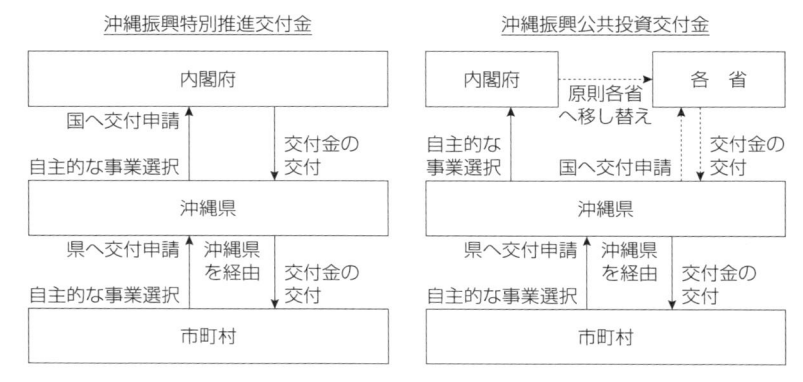

図 4 - 4　沖縄振興一括交付金の交付方式

出典：沖縄県「沖縄振興（一括）交付金の概要」（http://www.pref.okinawa.jp/site/kikaku/chosei/kikaku/documents/okinawasinnkouikkatukoufukinn.pdf, 2016年12月16日閲覧）を一部修正し引用.

金の場合は各省へ予算を移し替えて沖縄県に交付している．沖縄県は，内閣府からの交付金の交付を受け，市町村の提案した事業に対して交付金の配分を行う（図 4 - 4）．なお，沖縄県から内閣府に対する交付金の交付申請ならびに内閣府から沖縄県への交付金の交付については，沖縄県自らが提案し実施する事業も含まれている．

　沖縄振興特別推進交付金の交付対象となる事業の種類については要綱に規定されている．「沖縄振興特別推進交付金交付要綱」（平成24年 4 月19日府政沖第149号，平成24年12月18日府政沖第418号）の別表に定められている交付対象事業は「イ　観光の振興に資する事業等」「ロ　情報通信産業の振興に資する事業等」「ハ　農林水産業の振興に資する事業等」「ニ　イからハまでに掲げるもののほか，産業の振興に資する事業等」「ホ　雇用の促進に資する事業等」「ヘ　人材の育成に資する事業等」「ト　ホ及びヘに掲げるもののほか，職業の安定に資する事業等」「チ　教育の振興に資する事業等」「リ　文化の振興に資する事業等」「ヌ　福祉の増進に資する事業等」「ル　医療の確保に資する事業等」「ヲ　科学技術の振興に資する事業等」「ワ　情報通信の高度化に資する事業等」「カ

国際協力及び国際交流の推進に資する事業等」「ヨ　駐留軍用地跡地の利用に資する事業等」「タ　離島の振興に資する事業等」「レ　環境の保全並びに防災及び国土の保全に資する事業等」「ソ　イからレまでに掲げるもののほか，沖縄の地理的及び自然的特性その他の特殊事情に基因する事業等」となっている．

　平成28年度沖縄振興特別推進交付金（市町村分）のうちおもなものは，離島振興関連で約15億円56事業，子育て・福祉・医療関連で約11億円70事業，文化振興・国際交流関連で約16億円78事業，環境保全・防災関連で約27億円94事業，観光産業の振興関連で約122億円383事業，農林水産業の振興関連で約18億円93事業となっている（平成28年10月26日現在）．平成28年度沖縄振興特別推進交付金（県分）のうちおもなものは，離島振興関連で58.2億円14事業，子育て・福祉・医療関連で31.5億円28事業，競争力のある社会基盤の整備関連で66.0億円20事業，観光産業の振興関連で50.2億円29事業，農林水産業の振興関連で131.8億円55事業となっている（平成28年10月26日現在）．

　沖縄振興公共投資交付金の交付対象となる事業の種類についてもまた要綱に規定されている．「沖縄振興公共投資交付金制度要綱」（平成24年4月6日府沖振第148号，平成28年4月1日一部改正）の別表に定められている交付対象事業は「交通安全施設整備に関する事業」（警察庁長官が所管），「消防防災施設整備に関する事業」（総務大臣が所管），「学校施設環境改善に関する事業」（文部科学大臣が所管），「水道施設整備に関する事業」「社会福祉施設等施設整備に関する事業」「医療施設等施設整備に関する事業及び医療提供体制施設整備に関する事業」（それぞれ厚生労働大臣が所管），「農山漁村地域整備に関する事業」「農山漁村活性化対策整備に関する事業」「農業・食品産業強化対策整備に関する事業」「水産業強化対策整備に関する事業」「沖縄林業構造確立施設の整備に関する事業」（それぞれ農林水産大臣が所管），「工業用水道に関する事業」（経済産業大臣が所管），「社会資本整備に関する事業」（国土交通大臣が所管），「環境保全施設整備に関する事業」「自然環境整備に関する事業」「生物多様性保全回復整備に関する事業」（それぞれ環境大臣が所管）となっている（表4-4）．なお，各事業には下位分

表 4 - 4　沖縄振興公共投資交付金制度要綱別表（抜粋）

対 象 事 業	対象事業を所管する大臣等
交通安全施設整備に関する事業	警察庁長官
消防防災施設整備に関する事業	総務大臣
学校施設環境改善に関する事業	文部科学大臣
水道施設整備に関する事業	厚生労働大臣
社会福祉施設等施設整備に関する事業	
医療施設等施設整備に関する事業及び医療提供体制施設整備に関する事業	
農山漁村地域整備に関する事業	農林水産大臣
農山漁村活性化対策整備に関する事業	
農業・食品産業強化対策整備に関する事業	
水産業強化対策整備に関する事業	
沖縄林業構造確立施設の整備に関する事業	
工業用水道に関する事業	経済産業大臣
社会資本整備に関する事業	国土交通大臣
環境保全施設整備に関する事業	環境大臣
自然環境整備に関する事業	
生物多様性保全回復整備に関する事業	

出典：沖縄振興公共投資交付金制度要綱別表を一部修正して引用．

　類となる事業が定められており，とくに「医療施設等施設整備に関する事業及び医療提供体制施設整備に関する事業」「農山漁村地域整備に関する事業」「社会資本整備に関する事業」の３つについては下位分類となる事業を類型化し整理する必要から別紙として表にまとめられている．

　平成28年度沖縄振興公共投資交付金のうちおもなものは，社会資本整備関連で492.3億円（内訳は，道路344.9億円，港湾34.0億円，治水22.2億円，海岸3.5億円，下水道41.4億円，都市公園13.4億円，住宅33.0億円），農林水産基盤整備関連で124.9億円（内訳は，農業農村109.2億円，森林2.0億円，漁港11.4億円，農業・食品産業強化2.4億円），水道施設整備・工業用水道施設整備関連で102.3億円（内訳は，水道102.0億円，工業用水道0.3億円），学校施設環境改善関連で59.4億円，医療施設整備関連

で26.9億円となっている[7].

　このように内閣府予算として一括計上された沖縄振興予算は，その後の予算執行と決算表示においてそれぞれ異なる過程をたどる（図4-5）．沖縄振興特別推進交付金（図中のソフト交付金）については，沖縄科学技術大学院大学学園関連経費（図中のOIST補助金）や沖縄総合事務局経費などとあわせて引き続き内閣府が予算執行と決算を行う．公共事業関係費等については，内閣府一般会計より自動車安全特別会計（空港整備勘定）へ繰り入れを行うか，国土交通省や農林水産省等へ他省庁予算として移し替えを行う．特別会計へ繰り入れを行った予算は内閣府決算として，他省庁の予算として移し替えを行った予算は他省庁決算としてそれぞれ決算を行う．公立文教等にかかる経費と沖縄振興公共投資交付金（図中のハード交付金）については，公共事業関係費等の一部と同じく他省庁予算として移し替えを行い，他省庁が予算執行と決算を行う．

　最終的に，内閣府は両方の決算を合体して沖縄振興予算の決算として総額を表示する．しかし，その内訳が内閣府決算および他省庁決算として分けて表示されているように，基本的に予算執行と決算表示は各省庁の責任で行われることになる．また，内閣府決算として表示されている特別会計への繰入額についても，自動車安全特別会計（空港整備勘定）については国土交通省が所管しているため，内閣府の決算統制が及んでいるとは言いがたい．内閣府による決算統制は，沖縄振興特別推進交付金や沖縄科学技術大学院大学学園関連経費等の一部にとどまる．

　したがって，予算過程における内閣府の役割は，沖縄振興特別推進交付金や沖縄科学技術大学院大学学園関連経費等を除き，予算の一括計上と配分に限定される．しかし，沖縄振興予算のうち沖縄振興一括交付金として計上される沖縄振興特別推進交付金と沖縄振興公共投資交付金については，沖縄県内の市町村と沖縄県そして内閣府による評価が制度的に行われている．

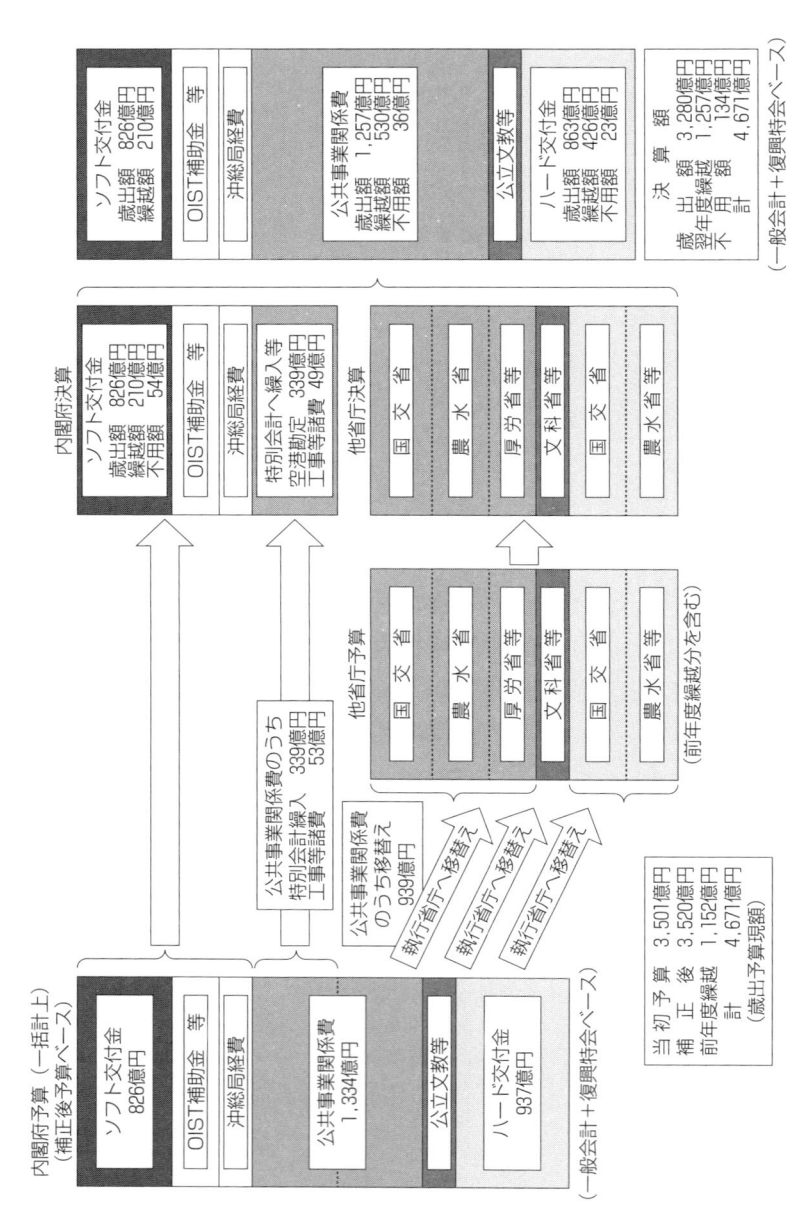

図4-5　沖縄振興予算の過程

出典：内閣府「平成26年度沖縄振興予算（内閣府沖縄担当部局予算等）の決算」（http://www8.cao.go.jp/okinawa/3/2014/h28_kessan1.pdf、2016年12月16日閲覧].

┼ 3．沖縄振興一括交付金の評価

（1）沖縄による評価

　三重県が1996年に導入した事務事業評価システムを皮切りに，全国各地の地方自治体では行政評価が行われるようになっている．行政評価について，総務省自治行政局は「政策，施策及び事務事業について，事前，事中，事後を問わず，一定の基準，指標をもって，妥当性，達成度や成果を判定するもの[8]」として国の政策評価や行政事業レビューに相当する活動として定義するが，山谷 [2012：166-68] は行政評価が内部管理事務やそれに伴う経常経費を対象に含めている点で政策評価と概念上区別している．多くの地方自治体で実施される行政評価は，評価表の共通書式を定めた上で，事業ごとに予算額や概要あるいは成果指標などを記入した評価表を作成している．

　総務省自治行政局が2014年3月に公表した「地方公共団体における行政評価の取組状況等に関する調査結果」によれば，行政評価の町村での導入は3分の1にとどまるものの，都道府県および政令指定都市，中核市，特例市ではほぼ全団体，それ以外の市区で8割以上の団体が行政評価を導入している[9]．沖縄県内では，41ある基礎自治体のうち石垣市，浦添市，名護市，沖縄市，豊見城市，南城市，本部町，西原町の8自治体が調査時点で行政評価を導入している[10]．調査時点後に導入予定と回答した基礎自治体が2市1町存在するが，それ以外の基礎自治体では導入時期未定として検討中あるいは導入予定なしと回答している．とりわけ，町村における行政評価の導入率は1割と，全国平均と比べて低い実施状況にある．

　他方で，沖縄県が行う沖縄振興特別推進交付金の評価に際して，沖縄県内の全市町村が評価表を作成している．この評価表は「沖縄振興特別推進交付金事業（市町村分）検証シート」として沖縄県庁および沖縄県内市町村のホームページで公表されている（表4-5）．また，沖縄県も県実施分の事業について

表4-5 沖縄振興特別推進交付金事業（市町村分）検証シート（抜粋）

市町村名	那覇市

平成２７年度沖縄振興特別推進交付金事業（市町村分）検証シート【公表用】

事業番号・事業名	1-1	那覇市伝統工芸ブランド確立事業		沖縄21世紀ビジョン基本計画該当箇所	第3章－1－(5)－(ウ)
担当部課名	経済観光部　商工農水課		事業実施（予定）年度　平成24～33年度	沖縄振興基本方針該当箇所	文化コンテンツ産業の振興
					Ⅲ－1－(1)

事業内容	個性的な本市の伝統工芸品を国内外にアピールするため、イベントや宣伝等を行うとともに、本市工芸品を展示・販売・体験できる那覇市伝統工芸館の機能強化を行う。

実施方法	■直接実施　　■委託　　□補助　　□負担　　□その他（　　　）

予算額・執行額【単位：千円】（「交付金」＋「市町村負担」ベース）

		24年度	25年度	26年度	27年度	28年度
予算の状況	(a) 当初予算額	30,142	91,311	4,423	4,423	
	(b) 予算現額	30,142	31,911	4,423	11,725	
	(c) 増減額 (b-a)	0	▲ 59,400	0	7,302	
	(d) 繰越額					
	A．計 (b+d)	30,142	31,911	4,423	11,725	
	B．執行済額	30,098	31,868	4,420	11,673	
	うち交付金充当額	24,078	25,494	3,536	9,338	
	次年度繰越額	—	—	—	—	
	執行率（％）(B/A)	99.9%	99.9%	99.9%	99.5%	

予算の状況の説明：イベント及び企画展開催業務の受託業者は、プロポーザル方式により随意契約し、㈱アドスタッフ博報堂へ委託した。販売場空調設備工事の設計受託業者は、随意契約にて㈱環境設計国建へ委託、空調設備工事の受託業者は、不落随意契約により㈱オキツウへ委託した。

活動目標（指標）及び達成状況

H27活動目標（指標）			達成状況			
			24年度	25年度	26年度	27年度
伝統工芸品及び伝統工芸館のイベント	目標	（　　　）	（　　　）	（　各1回　）	（　各2回　）
	実績			各1回	各2回
特別展示室の企画展	目標	（　　　）	（　　　）	（　2回　）	（　2回　）
	実績			2回	2回
（参考）施設機能強化	目標	（特別展示室改築）	（施設改築）	（　　　）	（施設環境改善）
	実績	改築完了	改築完了		販売場環境改善
（参考）伝統工芸品のブランディング強化・PR	目標	（ブランドカラーの設定）	（コンセプト確立）	（　　　）	（　　　）
	実績	ブランドカラーの決定	コンセプト設定		

達成状況説明：
・伝統工芸品のイベントとして、工芸品を活用した茶席を設け新たな工芸品の活用方法を提案する「琉球伝統菓子カフェ」を開催。
・伝統工芸館のイベントとして、本物を作る体験として、期間限定で体験料金の割引がある「工芸体験フェスタ」を開催。
・企画展「琉球舞踊衣裳展」「壺屋焼新進気鋭作家10人展」を開催。

成果目標（指標）及び進捗状況

H27成果目標（指標）		基準値（　年度）	25年度	26年度	27年度	目標値（　年度）
イベント集客	目標	（　　　）	（　　　）	（　各1200名　）	（　各800名　）	（　　　）
	実績			平均777名	平均125名	
企画展集客	目標	（　　　）	（　　　）	（　各850名　）	（　各1200名　）	（　　　）
	実績			平均1,710名	平均1,708名	
（参考）施設機能強化	目標		（販売店舗改築）	（　　　）	（販売場環境改善）	
	実績		H26.3月改築完了		販売場環境改善	
（参考）伝統工芸品のブランディング強化・PR	目標		（方向性確立）	（　　　）		
	実績		方向性設定			

進捗状況説明：「琉球伝統菓子カフェ」「工芸体験フェスタ」の2つのイベント集客の詳細は、誘客のために、チラシを各1,000枚配布した。どちらのイベントも企画展中の週末に同時開催し、展示期間中にチラシ配布を行った。琉球伝統菓子カフェを実際に利用したのは139名、工芸体験フェスタで実際に体験したのは、110名であった。どちらも、週末3日間の限定開催であったため、集客が難となった。
企画展集客の詳細は、「伝統舞踊衣裳展：1,748名」「壺屋焼新進気鋭作家10人展：1,668名」であった。どちらも目標を大幅に超える人数が来場しており、来場者の興味・関心に沿うテーマで集客をすることができた。

<table>
<thead>
<tr><th>取組の検証</th><th>推進上の留意点（推進上の問題、外部環境の変化）</th><th>改善余地の検証（効率の更なる向上の視点）</th></tr>
</thead>
<tbody>
<tr><td rowspan="3"></td><td>琉球王朝発祥であり、経済産業大臣に伝統的工芸品に指定される品質を誇る本市工芸品だが、情報発信力が弱いことや、他の土産品と差別化できていないこともあり、衰退している状況である。本市工芸品の知名度を高め、差別化を図るため、工芸品及び工芸館のイベント及び企画展を開催した。</td><td>昨年度の改善点を元に、ターゲットとした40代女性が興味を示すようなイベント・企画展を開催した結果、来場者の約7割が女性だった。今年度もアンケートを実施したところ、40代だけでなく、50～60代の女性も多かったことから、40～60代女性をメインターゲットとする。</td></tr>
<tr><td>イベント集客について、開催期間及び告知期間が充分ではなかったため、目標集客数を達成できなかった。</td><td>本市工芸品の歴史や品質について、地元客、観光客に対する訴求が弱いため、わかりやすく効果的なPRを心がける。イベントについて、開催期間及び告知期間の見直しだけでなく、開催内容について吟味し、集客目標を達成できるようにする。</td></tr>
<tr><td>イベント・企画展の実施の効果で、来館者が増えたが、現在の空調設備では対応しきれなかった。</td><td>イベントは、企画展の期間中に、企画展と関連する内容で行っているため、数多く来客頻度を増やすために、イベントと企画展を別日程で行う。来館者増、ならびに、本市工芸品の品質保持に対応できるよう、空調設備の機能強化が必要である。</td></tr>
</tbody>
</table>

今後の取り組み方針

ターゲットとする40～60代女性が興味を示すようなイベント・企画展を開催し、マスメディアによるPR強化と、地元客・県外・海外観光客への効果的なPR方法を実施する。
企画展については、目標を大幅に上回る実績であったため、引き続き魅力ある内容を提示する。
イベントの開催期間及び告知期間の見直しと、観客にとって魅力ある内容を企画し、集客の強化を図る。
来客頻度を増やすために、イベントと企画展は別日程で行う。
来館者に快適な空間を提供すること、展示・保管する伝統工芸品の維持のため、空調設備の強化を行う。

資金の流れ
（資金の受け取り先が何を行っているかについて補足する）（単位：千円）

	総事業費	交付対象事業費	交付金充当額	市町村負担金	交付対象外経費
	11,673	11,673	9,338	2,335	0

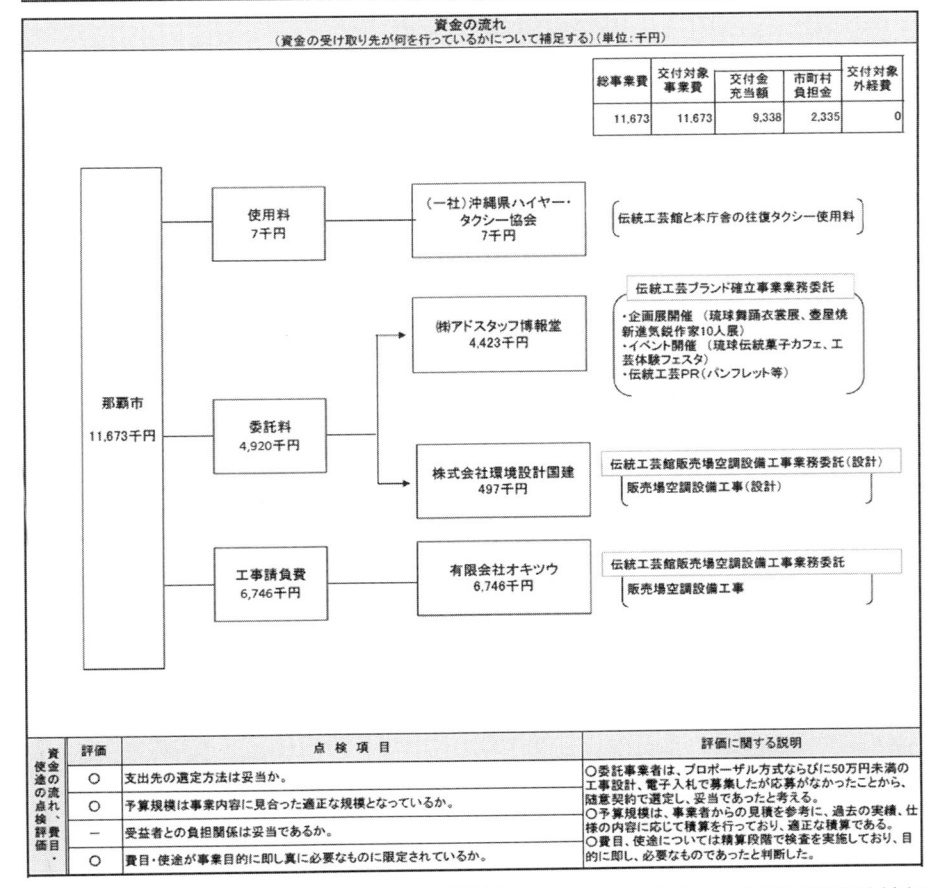

	評価	点検項目	評価に関する説明
資金の流れの点検、費目・使途の点検評価	○	支出先の選定方法は妥当か。	○委託事業者は、プロポーザル方式ならびに50万円未満の工事設計で、電子入札で募集したが応募がなかったことから、随意契約で選定し、妥当であったと考える。
	○	予算規模は事業内容に見合った適正な規模となっているか。	○予算規模は、事業者からの見積りを参考に、過去の実績、仕様の内容に応じて積算を行っており、適正な積算である。
	－	受益者との負担関係は妥当であるか。	○費目、使途については精算段階で検査を実施しており、目的に即し、必要なものであったと判断した。
	○	費目・使途が事業目的に即し真に必要なものに限定されているか。	

出典：沖縄県「平成27年度各市町村検証シート　01那覇市」（http://www.pref.okinawa.jp/site/kikaku/shichoson/suishinkofukin/documents/2701nahasi.pdf, 2016年12月16日閲覧）。

「沖縄振興特別推進交付金事業（県分）検証シート」を作成し公表している．検証シートには，事業内容や予算額，執行額，活動指標，成果目標，資金の流れなどの項目が記載されている．また，沖縄振興基本方針や沖縄振興計画における当該事業の位置づけも記載されている．

　沖縄県は，市町村が作成した検証シートをもとに全事業の総合評価を行い，「沖縄振興特別推進交付金事業成果一覧」としてとりまとめる（表4‐6）．この一覧表には各市町村ごとに事業が列挙され，事業番号と事業名のほか，計画期間，事業内容，成果目標と実績，総合評価の結果が記載されている．総合評価の結果は，沖縄県が裁量的に判断するのではなく，検証シートに記載された成果目標の達成度に応じて自動的に付与される．そのため，成果目標はその達成度を定量的に判断できるように，多くが数値で記載される．

　沖縄県は，総合評価の結果を「沖縄振興特別推進交付金市町村実施分事後評価結果（総括表）」にとりまとめ，沖縄振興計画に対応させる形で事業の進捗状況を表示する（表4‐7）．沖縄振興計画の各項目ごとに，該当する事業の進捗状況を達成度別に把握することができる．作成された総括表は，最終的に内閣総理大臣へ報告される．

　沖縄振興公共投資交付金についても同様に評価が行われている．沖縄振興公共投資交付金の場合，沖縄県は交付金にかかる事業計画を作成し，当該事業の成果目標を設定する（表4‐8）．これらの内容は，内閣府が作成した「沖縄振興公共投資交付金制度要綱」に掲載の様式に従って表示される．沖縄県は，各事業にかかる目標を文章で表示するほか，別に指標を定めることで達成度を定量的に判断できるようにしている．そのほかに，達成予定年度や中間予定年度，対応する事業の番号，沖縄振興計画の該当箇所が記載されている．

　沖縄県は，当該成果目標の達成状況について評価を行い，評価結果をとりまとめる（表4‐9）．沖縄振興特別推進交付金の評価と同様，成果目標の達成度は定量的に判断される．成果目標にかかる目標値と達成値を比較し，その達成率に応じて「達成（達成率が100％）」「概ね達成（達成率が70％以上100％未満）」「一

表4-6 沖縄振興特別推進交付金事業成果一覧（抜粋）

平成27年度沖縄振興特別推進交付金事業成果一覧

那覇市

事業番号		事業名	計画期間	事業内容	H27成果目標（指標）	H27成果実績（指標）	総合評価
1	1	那覇市伝統工芸ブランド確立事業	H24〜H33	個性的な本市の伝統工芸品を国内外にアピールするため、イベントや宣伝等を行うとともに、本市工芸品を展示・販売・体験できる那覇市伝統工芸館の機能強化を行う。	・イベント 各800人 ・企画展 各1200人（平成25年：837人） ・伝統工芸館販売環境改善	・イベント 平均125人 ・企画展 平均1,708人 ・伝統工芸館販売環境改善完了	○
1	2	プラネタリウム番組開発等事業	H24〜H27	観光施設として、牧志駅前ほしぞら公民館のプラネタリウムをグレードアップするため、沖縄独自の番組の制作及び有名番組を賃借し投影を行い、観覧者数を増やす。	プラネタリウム年間観覧者数27,000人 （基準値：平成23年 22,255人）	プラネタリウム年間観覧者数22,080人	○
1	3	観光案内所外国人対応スタッフ配置事業	H25〜H33	観光案内所を運営する那覇市観光協会に対し、英語、中国語、韓国語の話せるスタッフを配置するための支援を行う。	外国人観光客の案内所の利用者：年間8,500人 （基準：平成25年度7,472人）	外国人観光客の案内所の利用者：年間13,912人 （基準：平成25年度7,472人）	◎
1	4	バス停上屋整備事業	H24〜H28	観光都市としてのグレードアップを図るため、観光客等が沖縄の強烈な日差しや風雨を避け快適に公共交通機関を利用してもらえるよう、バス停上屋を整備する。	バス停上屋設置率：90%（45/50基）		繰
1	5	交流オアシス整備事業	H24〜H29	観光都市としてのグレードアップを図るため、公有地及び道路残地等を活用した小広場、オープンスペース（交流スペース）の整備を行い、観光客と市民との交流・憩いの場を創出する。	交流スペース設置率：29%（6/21箇所）		繰
1	6	歴史散歩道整備事業	H24〜H32	観光都市としての景観・美観の創出・継承のため、歴史的な由来のある散歩道を調査選定し、路面改良、道路緑化・美化を行う。	歴史散歩道設置率：60%（5,560/9,760m）		繰
1	7	亜熱帯庭園都市の道路美化事業	H24〜H33	観光都市としての景観・美観の創出・継承のため、幹線市道や観光地周辺市道の街路樹の緑化や美化を推進する。	道路美化整備率：48%（20/41路線） ただし、剪定除草は含んでいない。 ※路線全体の整備が完了したものが対象。天久安里線の中央分離帯緑化整備率：58%（0.94km/1.6km）	道路美化整備率：48% 天久安里線の中央分離帯緑化整備率：58%	◎

出典：沖縄県「平成27年度沖縄振興特別推進市町村交付金事業成果一覧」平成28年8月26日（http://www.pref.okinawa.jp/site/kikaku/shichoson/zaisei/ikkatu/documents/160826h27jigo.pdf, 2016年12月16日閲覧）.

表 4 - 7　沖縄振興特別推進交付金市町村実施分事後評価結果（総括表）

平成27年度　評価（総合）結果一覧表（沖縄２１世紀ビジョン基本計画基本施策別）

沖縄21世紀ビジョン基本計画	評価対象事業数	総合評価				
		達成	概ね達成	一部達成	未達成	繰越
第3章　基本施策						
将来像Ⅰ：沖縄らしい自然と歴史、伝統、文化を大切にする島を目指して						
（1）自然環境の保全・再生・適正利用	18	14	0	0	1	3
（2）持続可能な循環型社会の構築	8	7	1	0	0	0
（3）低炭素島しょ社会の実現	13	6	1	1	1	4
（4）伝統文化の保全・継承及び新たな文化の創造	68	42	11	4	5	6
（5）文化産業の戦略的な創出・育成	21	12	3	2	1	3
（6）価値創造のまちづくり	29	21	1	3	2	2
（7）人間優先のまちづくり	4	1	1	0	0	2
計	161	103	18	10	10	20
将来像Ⅱ：心豊かで、安全・安心に暮らせる島を目指して						
（1）健康・長寿おきなわの推進	28	11	6	3	3	5
（2）子育てセーフティネットの充実	40	27	8	1	4	0
（3）健康福祉セーフティネットの充実	13	11	1	0	0	1
（4）社会リスクセーフティネットの確立	60	43	8	0	0	9
（5）米軍基地から派生する諸問題及び戦後処理問題の解決	12	8	3	1	0	0
（6）地域特性に応じた生活基盤の充実・強化	4	3	0	0	0	1
（7）共助・共創型地域づくりの推進	10	6	1	0	0	3
計	167	109	27	5	7	19
将来像Ⅲ：希望と活力にあふれる豊かな島を目指して						
（1）自立型経済の構築に向けた基盤の整備	4	2	0	0	0	2
（2）世界基準の観光リゾート地の形成	235	132	46	13	16	28
（3）情報通信関連産業の高度化・多様化	8	5	2	0	1	0
（4）アジアと日本の架け橋となる国際物流拠点の形成	3	1	0	0	0	2
（5）科学技術の振興と知的・産業クラスターの形成	0	0	0	0	0	0
（6）沖縄の魅力や優位性を生かした新たな産業の創出	7	4	1	0	0	2
（7）亜熱帯性気候等を生かした農林水産業の振興	83	47	19	1	8	8
（8）地域を支える中小企業等の振興	15	7	4	2	3	1
（9）ものづくり産業の振興と地域ブランド形成	21	10	6	2	2	1
（10）雇用対策と多様な人材の確保	18	12	2	2	1	1
（11）離島における定住条件の整備	50	31	8	0	8	3
（12）離島の特色を生かした産業振興と新たな展開	58	30	15	4	4	5
（13）駐留軍用地跡地の有効利用の推進	19	14	1	2	1	1
計	521	295	102	26	44	54
将来像Ⅳ：世界に開かれた交流と共生の島を目指して						
（1）世界との交流ネットワークの形成	13	9	3	1	0	0
（2）国際協力・貢献活動の推進	8	5	2	0	0	1
計	21	14	5	1	0	1
将来像Ⅴ：多様な能力を発揮し、未来を拓く島を目指して						
（1）沖縄らしい個性を持った人づくりの推進	19	15	3	0	1	0
（2）公平な教育機会の享受に向けた環境整備	25	16	7	0	2	0
（3）自ら学ぶ意欲を育む教育の充実	122	69	25	12	15	1
（4）国際性と多様な能力を涵養する教育システムの構築	69	44	17	3	5	0
（5）産業振興を担う人材の育成	1	0	0	1	0	0
（6）地域社会を支える人材の育成	3	1	0	0	1	1
計	239	145	52	16	24	2
第5章　圏域別展開						
圏域別展開の基本方向						
（1）圏域の特色を生かした産業の振興（観光リゾート産業の振興）	26	14	6	1	1	4
（2）圏域の特色を生かした産業の振興（地域リーディング産業の振興）	4	3	0	0	1	0
（3）圏域の特色を生かした産業の振興（農林水産業の振興）	7	3	1	0	1	2
（4）その他	0	0	0	0	0	0
計	37	20	7	1	3	6
総　計	1146	686	211	59	88	102
割合（%）		60%	18%	5%	8%	9%

出典：沖縄県「平成27年度沖縄振興特別推進交付金市町村実施分事後評価結果（総括表）」（http://www.pref. okinawa. jp/site/kikaku/shichoson/zaisei/ikkatu/documents/160826h27jigo hyoukasoukatu. pdf, 2016年12月16日閲覧）.

表 4-8 沖縄振興公共投資交付金にかかる成果目標（抜粋）

平成 <u>28</u> 年度沖縄振興公共投資交付金に係る成果目標

番号	成果目標	達成予定年度	中間評価年度	対応事業	参照情報
A-1	【目標】 円滑化対策エリア内の特定道路において、信号機柱の改良、適正な位置への移設、標識の整備を行い、交通の安全と円滑化を図る。 【指標】 ①整備が必要な円滑化対策エリア内の信号機柱及び信号灯器の改良・移設、標識・標示の整備率（整備率＝整備済箇所／要整備箇所×100） ※箇所を事業予算額に置き換えて設定し、算出 ②沖縄県内の交通事故死者数（※発生から24時間以内） 【目標値】 ①現況値：0%　→　最終目標値：100% ②沖縄県内の交通事故死者数　年間39人以下	H28	—	[H28]A	【参照計画等】 ○沖縄21世紀ビジョン実施計画 ・基本施策2-(4)-ア 　交通安全対策の推進 　沖縄21世紀ビジョン実施計画に掲載された他の事業との統合効果により目標達成を目指す。
C-1	【目標】 構造上危険な状態にある公立幼稚園、義務教育諸学校、特別支援学校及び高等学校の校舎を改築し、児童生徒等の安全を守り、安心で豊かな教育環境を整備する。 【定量的指標】 ①市町村立小中学校の構造上危険な状態にある建物の改築（8校） 　公立幼稚園の構造上危険な状態にある建物の改築（7園） ②危険建物の安全率 　対象事業箇所の児童・生徒数／県内小中学校児童・生徒数 　(2,659人／144,836人) 　対象事業箇所の園児数／県内幼稚園園児数 　(549人／13,051人)	H28	—	[H28] C-1のNo.15～29	【参照計画等】 ○沖縄21世紀ビジョン実施計画 ・5-(3)-ウ 　時代に対応する魅力ある学校づくりの推進
C-2	【目標】 教育を行うのに著しく不適当な建物で特別な事情のあるものについて、公立幼稚園及び義務教育諸学校の校舎を改築し、教育機能の向上及び校地の有効利用等の観点から教育条件の改善を図る。 【定量的指標】 ①市町村立小中学校学校の不適格改築（1校） 　公立幼稚園の不適格改築（2園） ②教育環境改善率 　対象事業箇所の児童・生徒数／県内小中学校児童・生徒数 　(276人／144,836人) 　対象事業箇所の園児数／県内幼稚園園児数 　(62人／13,051人)	H28	—	[H28] C-3のNo.30～32	【参照計画等】 ○沖縄21世紀ビジョン実施計画 ・5-(3)-ウ 　時代に対応する魅力ある学校づくりの推進
C-3	【目標】 経年により、通常発生する学校建物の損耗、機能低下に対する復旧措置及び建物の用途変更に伴う改築等を行うことにより教育環境の改善を図り、もって学校教育の円滑な実施に資するとともに、併せて建物の耐久性の確保を図る。 【定量的指標】 ①市町村立学校の大規模改造事業（質的整備）（10校） ②教育環境改善率 　対象事業箇所の児童・生徒数／県内小中学校児童・生徒数 　(5,127,人／144,836人)	H28	—	[H28] C-5のNo.37～46	【参照計画等】 ○沖縄21世紀ビジョン実施計画 ・5-(3)-ウ 　時代に対応する魅力ある学校づくりの推進

出典：沖縄県「平成28年度沖縄振興公共投資交付金に係る成果目標」(http://www.pref.okinawa.jp/site/somu/zaisei/documents/h28seikamokuhyou_1.pdf, 2016年12月16日閲覧).

表 4 – 9　沖縄振興公共投資交付金成果目標達成状況（抜粋）

平成27年度沖縄振興公共投資交付金　成果目標達成状況（達成予定年度分）

（凡例）
達成…◎　　概ね達成…○　　一部達成…△
未達成…✕　　継続…継

番号	成果目標	達成予定年度	中間評価年度	成果指標	単位	目標値	達成値（実績値）	達成状況
	（目標を記載。定量的指標を設定の場合も本欄に記載）	（具体的な年度を記載）	（具体的な年度を記載）					
A-1	【目標】円滑化対策エリア内の特定道路において、信号機柱及び信号灯器の改良、適正な位置への移設、標識・標示の整備を行い、交通の安全と円滑化を図る。【指標】整備が必要な円滑化対策エリア内の信号機柱及び信号灯器の改良・移設、標識・標示の整備率（整備率＝整備済箇所／要整備箇所×100）※箇所を事業予算額に置き換えて設定し、算出【目標値】現況値　0%　　最終目標値　100%	H27	－	整備が必要な円滑化対策エリア内の信号機柱及び信号灯器の改良・移設、標識・標示の整備率	%	100	100	◎
C-1	【目標】構造上危険な状態にある公立幼稚園、義務教育諸学校、特別支援学校及び高等学校の校舎を改築し、児童生徒等の安全を守り、安心で豊かな教育環境を整備する。【定量的指標】市町村立学校の構造上危険な状態にある建物の改築（27校（13園））	H27	－	市町村立学校の構造上危険な状態にある建物の改築校（園）数	校（園）	27	26	○
C-2	【目標】教育を行うのに著しく不適当な建物で特別な事情のあるものについて、公立幼稚園及び義務教育諸学校の校舎を改築し、教育機能の向上及び校地の有効利用等の観点から教育条件の改善を図る。【定量的指標】市町村立学校の不適格改築（ 7校（4園））	H27	－	市町村立学校の不適格改築校（園）数	校（園）	7	7	◎
C-3	【目標】経年により、通常発生する学校建物の損耗、機能低下に対する復旧措置及び建物の用途変更に伴う改築等を行うことにより教育環境の改善を図り、もって学校教育の円滑な実施に資するとともに、併せて建物の耐久性の確保を図る。【定量的指標】市町村立学校の大規模改造（老朽）（ 1校（0園））	H27	－	市町村立学校の大規模改造（老朽）校（園）数	校（園）	1	1	◎
C-4	【目標】経年により、通常発生する学校建物の損耗、機能低下に対する復旧措置及び建物の用途変更に伴う改築等を行うことにより教育環境の改善を図り、もって学校教育の円滑な実施に資するとともに、併せて建物の耐久性の確保を図る。【定量的指標】市町村立学校の大規模改造事業（質的整備）（3施設）	H27	－	市町村立学校の大規模改造事業（質的整備）施設数	施設	3	3	◎
C-5	【目標】子ども達の最も身近にある学校の屋外環境を様々な体験活動の場として活用し、たくましく心豊かな子ども達を育成するため、屋外環境の一体的な整備充実を図る。【定量的指標】市町村立学校の屋外教育環境の整備に関する事業（運動場）（2校）	H27	－	市町村立学校の屋外教育環境の整備に関する事業（運動場）校数	校	2	2	◎

出典：沖縄県「平成27年度沖縄振興公共投資交付金事業評価結果」（http://www.pref.okinawa.jp/site/somu/zaisei/documents/h27hardjigyouhyouka.pdf, 2016年12月16日閲覧）.

部達成（達成率が70％未満かつ，一部の目標値を達成している場合）」「未達成（達成率が70％未満かつ，すべての目標値を達成していない場合）」「繰越（成果目標を構成する全ての事業が未着手として「繰越」している場合）」のいずれかの評価結果を自動的に付与する[11]．沖縄県はとりまとめた評価結果を内閣総理大臣に提出し，最終的に内閣総理大臣から交付担当大臣に回付される．

　沖縄振興特別推進交付金と沖縄振興公共投資交付金のいずれの評価も，評価結果を作成するのは市町村または沖縄県である．その点で，行政評価の場合と同様，地方自治体は評価活動へ主体的に関与しているように見える．また，評価の方法についても，業績測定を中心としている点で行政評価と共通している．たとえば，沖縄振興特別推進交付金の評価で用いる検証シートには事業内容や成果指標などを記入する欄があり，一般的な行政評価で作成される評価表と類似している．

　しかし，行政評価と異なり，沖縄振興一括交付金にかかる評価結果の利用者は地方自治体ではなく国である．行政評価の場合，事業改善や地方自治体職員へのフィードバックあるいは市民へのアカウンタビリティなど地方自治体内で評価が利用される．それに対して，沖縄振興一括交付金にかかる評価の場合，地方自治体が評価を実施するものの，あくまで事業の進捗状況を国が把握するために評価が利用される．

　そもそも，沖縄県内の全市町村が検証シートを作成する理由は，内閣府が定める「沖縄振興特別推進交付金交付要綱」に成果目標の設定と事後評価を求める規定が存在するからである．第7条第1項には「沖縄県は，事業計画に掲げる交付対象事業等の成果目標を設定するとともに，成果目標の達成状況について評価を行い，これを公表するとともに，大臣に報告するものとする」として規定されている．要綱は訓令の一種と解されており，行政の内部文書であるため法的拘束力を有しないが，本来は地方自治が尊重されるべき政府間関係においても，実際には国が行う地方行政として実質的な拘束力が働いている．

　同様の要綱は，沖縄振興公共投資交付金においても定められている．内閣府

が定める「沖縄振興公共投資交付金制度要綱」では「第14 事業等の評価」と
して評価に関する規定がある．沖縄振興公共投資交付金の場合，沖縄県内の市
町村が検証シートを作成することはしないが，沖縄県は要綱に添付された様式
に基づいて成果目標を設定し，沖縄振興特別推進交付金と同じく評価結果をと
りまとめている．

　なお，沖縄振興公共投資交付金は，地域主権戦略大綱（平成22年6月22日閣議
決定）に基づき平成23年度に創設された「地域自主戦略交付金」を改編して沖
縄振興予算に組み入れられた経緯がある．地域自主戦略交付金とは，地方向け
の投資補助金を所管する8府省から拠出を受けた内閣府が予算を一括計上し，
都道府県および政令指定都市が自主選択した事業に対して交付される交付金で
ある．平成25年度に地域自主戦略交付金は廃止されその多くは各省庁の交付金
に移行したが，沖縄を対象としていた部分については平成24年の沖縄振興特別
措置法改正に伴い沖縄振興公共投資交付金として存続することになったのであ
る．沖縄振興公共投資交付金制度要綱は「地域自主戦略交付金制度要綱」（平
成23年4月1日府地戦第33号，平成24年4月6日一部改正）の内容を踏襲しており，沖
縄振興公共投資交付金における成果目標の設定や評価結果のとりまとめは地域
自主戦略交付金から移植されたのである．

（2）内閣府による政策評価と行政事業レビュー

　沖縄県がとりまとめた沖縄振興特別推進交付金および沖縄振興公共投資交付
金の評価結果は，国が沖縄政策を評価する際の基礎資料として利用されている．
ひとつは内閣府が行う政策評価と行政事業レビューであり，もうひとつは内閣
府に設置される沖縄振興審議会である．

　政策評価とは，制度を所管する総務省の要請に基づいて各省庁が行う自己評
価のことである．政策評価には事業評価方式，実績評価方式，総合評価方式の
3つがある（表4-10）．「政策評価に関する基本方針」（平成17年12月16日閣議決定，
平成27年3月24日一部変更）では3つの方式について次のように記されている．

表 4 - 10　政策評価の方式

	対　象	時　点	目的・ねらい	やり方
事業評価	個々の事務事業が中心，施策も	**事前** 必要に応じ事後検証	事務事業の採否，選択等に資する	あらかじめ期待される政策効果やそれらに要する費用等を推計・測定
実績評価	各府省の主要な施策等	**事後** 定期的継続的に実績測定， 目標期間終了時に達成度を評価	政策の不断の見直しや改善に資する見地	あらかじめ政策効果に注目した達成すべき目標を設定 目標の達成度合について評価
総合評価	特定のテーマ（狭義の政策・施策）について	**事後** 一定期間経過後が中心	問題点を把握 その原因を分析など総合的に評価	政策効果の発現状況を様々な角度から掘り下げて分析など総合的に評価

出典：総務省行政評価局「政策評価Ｑ＆Ａ（政策評価に関する問答集）」平成27年5月（http://www.soumu.go.jp/main_content/000359598.pdf, 2016年12月16日閲覧）.

　事業評価方式とは「個々の事業や施策の実施を目的とする政策を決定する前に，その採否，選択等に資する見地から，当該事業又は施策を対象として，あらかじめ期待される政策効果やそれらに要する費用等を推計・測定し，政策の目的が国民や社会のニーズ又は上位の目的に照らして妥当か，行政関与の在り方からみて行政が担う必要があるか，政策の実施により費用に見合った政策効果が得られるかなどの観点から評価するとともに，必要に応じ事後の時点で事前の時点に行った評価内容を踏まえ検証する方式」である．事業評価方式では，省庁の政策体系（政策―施策―事務事業）のうち事務事業レベルを対象に，事前評価（新規事業の場合）または事後評価（継続事業の場合）を行う．

　実績評価方式とは「政策を決定した後に，政策の不断の見直しや改善に資する見地から，政策の目的と手段の対応関係を明示しつつ，あらかじめ政策効果に着目した達成すべき目標を設定し，これに対する実績を定期的・継続的に測定するとともに，目標期間が終了した時点で目標期間全体における取組や最終的な実績等を総括し，目標の達成度合いについて評価する方式」である．実績

評価方式では，省庁の政策体系のうち施策レベルを対象に事後評価を行う．実績評価方式は，政策のアウトプットやアウトカムを指標化して測定することから，理論上は業績測定に該当する．

　総合評価方式とは「政策の決定から一定期間を経過した後を中心に，問題点の解決に資する多様な情報を提供することにより政策の見直しや改善に資する見地から，特定のテーマについて，当該テーマに係る政策効果の発現状況をさまざまな角度から掘り下げて分析し，政策に係る問題点を把握するとともにその原因を分析するなど総合的に評価する方式」である．総合評価方式では，省庁の政策体系のうち政策または施策レベルを対象に事後評価を行う．旧総務庁行政監察局において平成11年8月から12年12月まで開催された「政策評価の手法等に関する研究会」（座長：村松岐夫）の最終報告では，総合評価がアメリカやイギリスなどで行われていたプログラム評価を想定して導入された方式であることがうかがえる[13]．

　なお，実績評価方式については「目標管理型の政策評価の実施に関するガイドライン」（平成25年12月20日政策評価各府省連絡会議了承）により，事前分析表と評価書の作成が行われている．目標管理型の政策評価では，省庁の政策体系のうち施策レベルを対象に，あらかじめ事前分析表に設定した目標の達成度合いを評価する．事前分析表と評価書はガイドラインの中に様式が定められており，目標達成度も行政機関で共通する5つの区分で表示される．このように統一性や一覧性が確保されているほか，後述する行政事業レビューとの連携も図られている．

　政策評価が対象とする沖縄政策は，内閣府の内部部局である政策統括官（沖縄政策担当）と沖縄振興局が所掌する業務を指す．平成26年度内閣府本府政策評価書（事後評価）では，① 沖縄の自主性・自立性の確保に係る施策の推進，② 沖縄振興計画の推進に関する調査，③ 沖縄における社会資本等の整備，④ 沖縄の特殊事情に伴う特別対策，⑤ 沖縄の戦後処理対策の5施策によって沖縄政策が構成されている．このうち，①②が政策統括官（沖縄政策担当），③④

⑤が沖縄振興局の所掌となっている．

　沖縄政策の政策評価は，政策評価制度が始まった平成13年度から今日まで毎年度実施されている．評価方式は，平成13年度の事業評価方式と平成19年度の総合評価方式の実施を除いて，実績評価方式が採用されている．ただし，平成26年度からは，政策統括官（沖縄政策担当）が所掌する施策が総合評価方式へと移行された．平成28年度からは政策統括官（沖縄政策担当）と沖縄振興局が所掌する業務をすべてひとつの施策としてまとめ，総合評価方式で政策評価が行われる．次回の政策評価の実施予定時期は，沖縄振興計画終了後の平成34年4月以降となっている[14]．

　行政事業レビューは，全省的に実施される，事務事業を対象としたレビューシートによる点検活動である．目標管理型の政策評価として実施される実績評

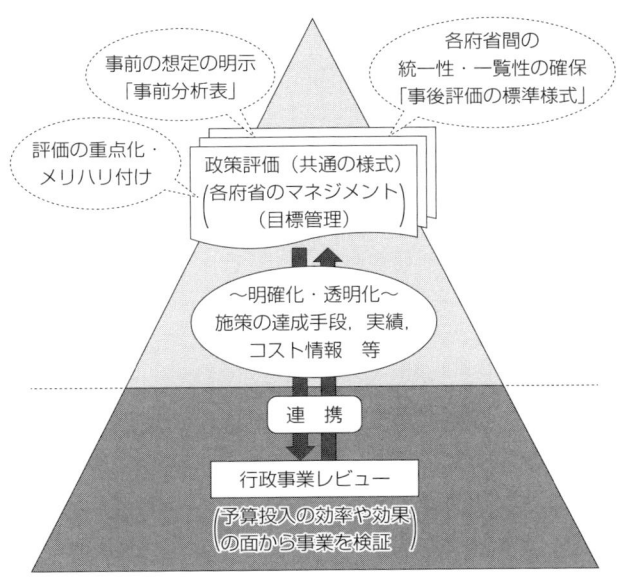

図4-6　行政事業レビューと政策評価（実績評価方式）との関係（抜粋）

出典：総務省「目標管理型の政策評価の改善方策の概要」（http://www.soumu.go.jp/main_content/000152602.pdf, 2016年12月16日閲覧）．

表 4‒11　沖縄振興一括交付金対象事業の行政事業レビューシート（抜粋）

平成27年度行政事業レビューシート（					内閣府		）
事業名	沖縄振興交付金事業推進費			担当部局庁	内閣府政策統括官（沖縄政策担当）沖縄振興局	作成責任者	
事業開始年度	平成24年度	事業終了（予定）年度	平成33年度	担当課室	企画担当参事官室 特定事業担当	参事官　岡本　誠司 参事官　佐藤　嚢也	
会計区分	一般会計			政策・施策名	41　沖縄の自主性・自立性の確保に係る施策の推進（政策12–施策①）		
根拠法令 (具体的な条項も記載)	沖縄振興特別措置法第105条の3第2項			関係する計画、通知等	沖縄振興基本方針（平成24年5月内閣総理大臣決定）沖縄振興計画（平成24年5月沖縄県）		
主要政策・施策	沖縄振興			主要経費	その他の事項経費		
事業の目的 (目指す姿を簡潔に。3行程度以内)	沖縄県が沖縄の振興に資する事業等を自主的に選択して作成した沖縄振興交付金事業計画に基づく事業等の実施に要する経費に充てるため、国が沖縄県に交付金を交付することにより、沖縄の実情に即した事業の的確かつ効率的な実施を図ることを目的とする。						
事業概要 (5行程度以内。別添可)	（沖縄振興特別推進交付金）沖縄の振興に資する事業等であって、沖縄の自立・戦略的発展に資するものなど、沖縄の特殊性に起因する事業等として沖縄振興交付金事業計画に記載されたもの。交付率：8／10以内 （沖縄振興公共投資交付金）沖縄の振興に資する事業等であって、沖縄の振興の基盤となる施設の整備に関する事業として、政令で定められたもののうち沖縄振興交付金事業計画に記載されたもの。交付率：既存の高率補助を適用。						
実施方法	補助						

予算額・執行額 (単位：百万円)			24年度	25年度	26年度	27年度	28年度要求
	予算の状況	当初予算	157,456	161,311	175,881	161,759	
		補正予算	4,411	2,631	440	–	
		前年度から繰越し	–	67,917	59,353	63,613	
		翌年度へ繰越し	▲ 67,917	▲ 59,353	▲ 63,613	–	
		予備費等	–	–	–	–	
		計	93,950	172,506	172,061	225,372	0
	執行額		89,399	162,916	164,712		
	執行率（%）		95%	94%	96%		

成果目標及び成果実績 (アウトカム)	定量的な成果目標	成果指標		単位	24年度	25年度	26年度	目標最終年度 – 年度
	本交付金制度は、沖縄県に資する事業等を自主的に選択して実施できる制度であることから、沖縄県・市町村において、同交付金を活用して実施する各個別事業ごとに成果目標を設定。(なお、事業数が多く、資料が大部なため、備考欄に記載したURLを参照)	本交付金制度は、沖縄県が沖縄振興に資する事業等を自主的に選択して実施できる制度であることから、沖縄県・市町村において、同交付金を活用して実施する各個別事業ごとに成果目標を設定。(なお、事業数が多く、資料が大部なため、備考欄に記載したURLを参照)	成果実績	–	–	–	–	
			目標値	–	–	–	–	
			達成度	%				

成果目標及び成果実績（アウトカム）欄についてさらに記載が必要な場合はチェックの上【別紙1】に記載							□ チェック

活動指標及び活動実績 (アウトプット)	活動指標		単位	24年度	25年度	26年度	27年度活動見込
	沖縄県・市町村において、成果目標を達成するために実施する主な取組や指標を設定。(成果目標と同様に備考欄に記載したURLを参照)	活動実績					
		当初見込み					

出典：内閣府「内閣府本府等平成27年行政事業レビューシート―沖縄振興交付金事業推進費」(http://www.cao.go.jp/yosan/pdf/26005800_naikakufu.pdf, 2016年12月16日閲覧).

価方式の政策評価がおもに施策レベルを対象としているのに対して，行政事業レビューは事務事業レベルを対象としている（図4‒6）．さきの「目標管理型の政策評価の実施に関するガイドライン」では，目標管理型の政策評価と行政

事業レビューとの連携が謳われており，事前分析表において対応関係を明確にすることが求められている．

　沖縄政策を対象とする平成27年度行政事業レビューでは，先の施策区分に従えば，① 沖縄の自主性・自立性の確保に係る施策の推進が1シート，② 沖縄振興計画の推進に関する調査が2シート，③ 沖縄における社会資本等の整備が18シート，④ 沖縄の特殊事情に伴う特別対策が5シート，⑤ 沖縄の戦後処理対策が1シート作成されている（新規事業分および新規要求事業分を除く）[15]．沖縄振興予算のうち，沖縄振興一括交付金（沖縄振興特別推進交付金と沖縄振興公共投資交付金）による事業は施策①の1シートにまとめられている．沖縄振興一括交付金が対象とする事業数が多いため，すべてに行政事業レビューシートを作成することが妥当ではないと判断されているためである．また，各事業の取り組みや成果指標が，沖縄県のとりまとめる沖縄振興一括交付金の事後評価結果によって明らかにされていることも理由である．したがって，レビューシートでは，沖縄振興一括交付金の事後評価との兼ね合いから個々の事業予算や成果指標の記載は省略されている（表4-11）．

（3）沖縄振興審議会による評価

　沖縄振興審議会は，沖縄振興基本方針の策定や沖縄政策に関する重要事項の審議を行う機関として内閣府に設置され，審議会の活動において評価結果の検討がなされている．第23回沖縄振興審議会（平成25年11月19日開催），第25回沖縄振興審議会（平成26年9月12日開催），第26回沖縄振興審議会（平成27年10月30日開催）では，沖縄振興一括交付金の事後評価が議題として上程され，沖縄振興一括交付金と事後評価の制度概要および事後評価結果が審議資料として提供されている[16]．各回の議事録のうち事後評価への言及は以下のようになっている．

　第23回沖縄振興審議会の議事録によれば，審議会でははじめに沖縄振興一括交付金制度およびその事後評価制度について事務局より概要説明が行われたのち，沖縄県総務部長より事後評価の結果について説明が行われている．沖縄県

総務部長は，沖縄振興一括交付金について「平成24年度においては，離島の定住条件の整備，産業や観光の振興に加え，これまで対応が難しかった子育て支援や福祉の分野，教育分野などにつきまして，同交付金を活用した事業を実施したところであり，これらの施策の推進に大きく寄与したと考えております」と述べており，また説明の最後で県の好調な経済情勢を示す各種指標を参照しながら「このことは，各界の御努力はもとより，沖縄振興予算，中でも一括交付金が大きく寄与しているものと各方面から評価をいただいているところでございます」と述べている[17]．沖縄振興一括交付金の必要性については国と沖縄県の双方から表明されているといえる．

　第23回沖縄振興審議会では，沖縄振興一括交付金の事後評価制度を検証するに際していくつかの論点が事務局より提示されている．たとえば，第1論点である交付金事業のあり方をめぐっては，県と市町村との連携強化を実現するために「同一の施策目的を達成するために行われる事業については，どのような役割分担のもとに各事業が展開されているかを対外的に分かりやすく説明すべきではないか」「関係機関等でよく情報共有をはかるなど，県・市町村の連携等をさらに向上させる取組みを行うべきではないか」といった論点が提示され，また戦略的に事業を実施するために「県・市町村が重点的に実施している分野については，より一層，効率的，戦略的に事業を実施すべきではないか」「複数の市町村をまたぐ広域的な取組や重点化をはかる取組が実施できるよう，特別枠をより有効に活用すべきではないか」「県・市町村として，沖縄の将来につながるような分野の事業（たとえば人材育成など）に，さらに戦略的・重点的に取り組むべきではないか」といった論点が提示されている[18]．

　同様に，第2論点である評価方法等をめぐっては，よりよい評価を実現するために「活動目標と成果目標の違いを整理した上で，成果目標が『事業の実績や成果をあらわすもの』となっているかをよく検証すべきではないか」「今後の評価のあり方としては，① 沖縄が抱える特有の課題がどれくらい克服されたのかを把握するため分野ごとの分析やレビューを行っていくこと，② 一

括交付金によって実現できたこと・出来なかったことなどを把握し，今後どのような対策が必要であるかなどについて整理していくことが重要ではないか」といった論点が提示され，また事後評価の公表等について「個別事業単位で，検証シートを作成し，資金の流れを含む情報までホームページ上で公表した点は評価できると考えられるが，より一層の透明性を目指すことが重要ではないか．また，支出先の選定方法の妥当性について，より明らかにすべきではないか」「PDCA サイクルを確立すべく，平成24年度事業の評価内容を平成26年度事業に活かしていくために，具体的な方策を検討すべきではないか」「平成24年度に完了した事業について，たとえば施設の整備や研究機器の設置を行った場合には，完成した施設などについて活用状況をフォローしていくことが必要ではないか」といった論点が提示されている[19]．

　第25回沖縄振興審議会においても，第23回沖縄振興審議会と同様，事務局による概要説明と沖縄県側からの事後評価結果に関する報告が行われている．事務局からは，観光および人材育成分野をテーマとして「沖縄21世紀ビジョン実施計画に則して，沖縄県はどのように事業を実施しているのか」「事業を実施するにあたり，どのように関係者間の連携を図っているのか」「交付金事業に関し実績などのフォローアップはどのように行っているのか」「フォローアップをどのように事業の改善に活かしているのか」といった論点が提示されている[20]．また，委員からは「一括交付金によって効果があらわれたのか，あるいはほかの施策が効果を出したのか，あるいは社会経済状況の変化によって出てきたのか，あるいはもともと持っている沖縄の可能性が顕在化したのか，そういうことをもうちょっと調査して，発展のメカニズムを解明する必要があるのではないか」とのコメントがなされている[21]．

　第26回沖縄振興審議会でもまた，沖縄県側から事後評価結果に関する報告が行われている．特筆すべきは，沖縄振興一括交付金の分野別活用状況や交付金事業の実績について紹介がなされている点である．たとえば，交付金創設前の予算規模（平成23年度）に対する交付金創設後の予算規模（平成24年度から平成27

年度の平均）は，離島振興の分野で約7倍，子育て・福祉・医療・長寿の分野で約8倍，文化・平和・環境の分野で約3倍，人材育成の分野で約2倍，産業振興関連の分野で約3倍となっている[22]．また，配付資料では各分野ごとの実績が写真とともに紹介されており，沖縄振興一括交付金の成果が視覚的に強調されている[23]．

　なお，資料の中ではPDCA（Plan, Do, Check, Action）サイクルについて言及されている[24]．このPDCAサイクルは2つのことを意味している．ひとつは沖縄振興一括交付金の事後評価によって取り組みの検証や改善を継続的に行うという意味であり，もうひとつは「沖縄県PDCA」と呼ばれる沖縄振興計画を対象とした検証や改善の取り組みを意味している．「沖縄県PDCA」は，他の地方自治体における総合計画を対象とした行政評価と同様の取り組みであり，取組検証票と呼ばれる評価シートの作成を通じて沖縄振興計画に定められた成果指標の達成状況を毎年度とりまとめている[25]．沖縄県の配付資料によれば，沖縄振興特別推進交付金事業の県事業分については，事後評価と沖縄県PDCAによる二重の検証作業が行われているとされている[26]．このことは，沖縄振興一括交付金の事後評価が沖縄振興計画の進行管理に深く結びつけられていることを示しており，また行政評価に類似する方式で取り組まれていることから地方自治体の主体的な活動として内在化されていることを示している．なお，沖縄県は平成28年度に沖縄振興計画の中間評価を行っており，沖縄県PDCAによる毎年度の評価結果を中間評価結果としてとりまとめている．第27回沖縄振興審議会（平成28年5月23日開催），第28回沖縄振興審議会（平成28年7月22日開催），第29回沖縄振興審議会（平成28年11月17日開催）では，沖縄振興計画の中間評価に関する審議資料が提供されている[27]．

　以上を整理すると，沖縄政策をめぐる評価結果の流れと使途は図4-7のように整理することができる．沖縄振興予算の事後評価は，地方自治体（沖縄県の基礎自治体，沖縄県）による検証シート作成や沖縄県PDCAによる自己評価と，国（内閣総理大臣，交付担当大臣，内閣府本府，沖縄振興審議会）によるメタ評価によ

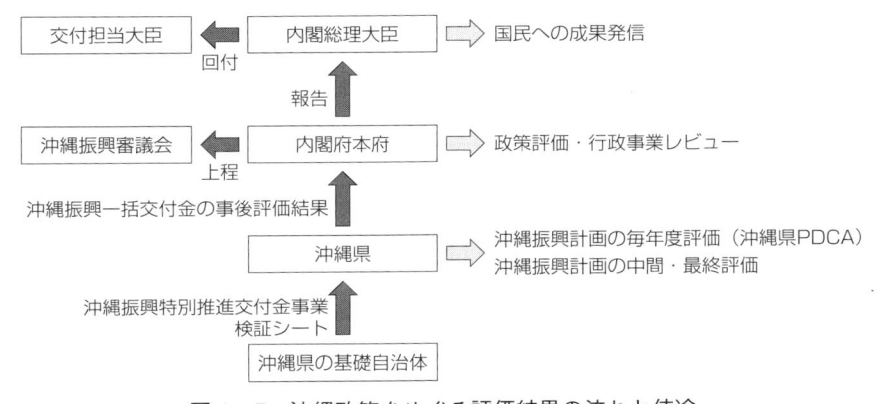

図 4 - 7　沖縄政策をめぐる評価結果の流れと使途

出典：筆者作成.

って構成されている．国はこれらの評価結果を，政策評価や行政事業レビュー，予算統制，外部有識者委員会の審議資料，国民への成果発信に用いているのである．

╋ お わ り に

　本章では，沖縄振興予算の概要と沖縄振興一括交付金の事後評価について検討を行った．沖縄政策を所管する内閣府は領域別省庁として沖縄にかかる政策分野の多くを担当しており，沖縄振興予算はそのための主要な手段であった．ただし，内閣府の役割は沖縄振興予算の一括計上と一部執行にとどまり，実際の予算執行権限や施策ツールは各省庁が有していた．沖縄振興予算のうち沖縄振興公共投資交付金や公共事業関係費等は，沖縄振興特別措置法に規定される特例に従い国庫負担の高率補助率が適用されるものの，補助金の交付業務自体は各省庁で行われていた．沖縄政策における内閣府の予算統制は限定的であると考えられる．

　他方で，沖縄振興予算は国庫支出金として交付されることから，沖縄に対す

る中央政府の予算統制が及ぶことになる．本章で検討した沖縄振興一括交付金の事後評価は，この予算統制を行うための手段として用いられていた．同時に，沖縄振興一括交付金の事後評価は沖縄振興計画の進行管理の手段として用いられ，また評価結果は内閣府による政策評価や行政事業レビューあるいは沖縄振興審議会の基礎資料として利用されていた．沖縄振興一括交付金の事後評価は沖縄県ならびに市町村における現場の管理活動の一環として取り組まれる一方で，中央政府がその評価結果を統制の手段として用いることが想定されているのである．本章の事例は，中央地方関係における評価を通じた統制の実態を明らかにしたといえる．

　本章の課題として，予算決定過程において内閣，内閣府，各省，沖縄県がそれぞれどの程度関与しているのかについて実態を十分に明らかにできていない．沖縄振興予算は内閣府のみならず各省がそれぞれ部分的に関わっており，その結果として予算過程も複雑なものとなっている．また，内閣府はその長である内閣総理大臣や内閣官房長官の直接的な指揮下に置かれているため，その分予算決定過程において政治的な影響を受けやすいと考えられる．アカウンタビリティを確保する上で必要な透明性と統制可能性が確保されているのかについて検討を行う必要がある．沖縄政策の実態を明らかにするには，今後，沖縄政策にかかる予算決定過程の解明，予算執行を規定する要綱等の各種行政文書の特定，各省で行われる一般的な補助事業との関係の整理などが必要になると考えられる．

注
1）　内閣府「平成28年度沖縄担当部局予算概算決定額」（http://www8.cao.go.jp/okinawa /3/2016/h28_yosan.pdf, 2016年12月16日閲覧）.
2）　同上.
3）　総務省「地方財政の状況」平成28年３月（http://www.soumu.go.jp/menu_seisaku/ hakusyo/chihou/pdf/h28.pdf, 2016年12月16日閲覧）.
4）　文部科学省「国庫補助事業について」（http://www.mext.go.jp/a_menu/shotou/zyo

sei/zitumu.htm, 2016年12月16日閲覧).

5）　沖縄県「(参考) 沖縄21世紀ビジョン基本計画基軸別事業一覧 (H28計画)」平成28
年10月26日 (http://www.pref.okinawa.lg.jp/site/kikaku/shichoson/zaisei/ikkatu/
documents/161026kijikubetu.pdf, 2016年12月16日閲覧).

6）　沖縄県「平成28年度沖縄振興特別推進交付金活用事業 (基軸別・主な事業) (第3回
変更)」平成28年10月26日 (http://www.pref.okinawa.lg.jp/site/somu/zaisei/yosan/
documents/28kijikubetuhenkou3.pdf, 2016年12月16日閲覧).

7）　沖縄県「平成28年度活用事例 (当初分)」(http://www.pref.okinawa.lg.jp/site/somu
/zaisei/documents/h28omanajigyou.pdf, 2016年12月16日閲覧).

8）　総務省自治行政局行政経営支援室「『地方公共団体における行政評価の取組状況等に
関する調査結果』の概要」平成26年3月25日 (http://www.soumu.go.jp/main_content
/000278815.pdf, 2016年12月16日閲覧).

9）　総務省自治行政局行政経営支援室「地方公共団体における行政評価の取組状況等に
関する調査結果」平成26年3月 (http://www.soumu.go.jp/main_content/000278817.
pdf, 2016年12月16日閲覧).

10）　総務省「地方公共団体における行政評価の取組状況等に関する調査 (平成25年10月
1日現在) 個表」(http://www.soumu.go.jp/iken/83106_3.html, 2016年12月16日閲覧).

11）　沖縄県「平成27年度沖縄振興公共投資交付金事業評価結果」(http://www.pref.oki
nawa.jp/site/somu/zaisei/documents/h27hardjigyouhyouka.pdf, 2016年12月16日閲
覧).

12）　内閣府「地域自主戦略交付金」(http://www.cao.go.jp/bunken-suishin/ayumi/chiiki
-shuken/doc/2012gaiyo.pdf, 2016年12月16日閲覧).

13）　政策評価の手法等に関する研究会「政策評価制度の在り方に関する最終報告」平成
12年12月 (http://www.soumu.go.jp/main_sosiki/hyouka/s_saihou.htm#100, 2016年12
月16日閲覧).

14）　内閣府「事後評価の対象となる平成28年度実施政策の評価方式等一覧」(http://
www8.cao.go.jp/hyouka/yuushikisha-24/24-shiryou3-3.pdf, 2016年12月16日閲覧).

15）　内閣府「平成27年度行政事業レビューシートの最終公表」(http://www.cao.go.jp/
yosan/review_27_2.html#fu28, 2016年12月16日閲覧).

16）　第5回沖縄振興審議会会長・専門委員会合 (平成28年11月1日開催) においても沖
縄振興一括交付金の事後評価に関する審議が行われており，第29回沖縄振興審議会に
おいて専門委員会合資料として提供されている.

17）　内閣府政策統括官 (沖縄政策担当)「第23回沖縄振興審議会議事録」(http://www8.
cao.go.jp/okinawa/siryou/singikai/sinkousingikai/23/gijiroku23.pdf, 2016年12月16日
閲覧).

18) 内閣府「平成24年度沖縄振興一括交付金の事後評価について〈事務局説明資料〉」平成25年11月19日（http://www8.cao.go.jp/okinawa/siryou/singikai/sinkousingikai/23/23-05.pdf, 2016年12月16日閲覧).

19) 同上.

20) 内閣府「平成25年度沖縄振興一括交付金の事後評価について〈事務局説明資料〉」平成26年9月12日（http://www8.cao.go.jp/okinawa/siryou/singikai/sinkousingikai/25/25-03.pdf, 2016年12月16日閲覧).

21) 内閣府政策統括官（沖縄政策担当）「第25回沖縄振興審議会議事録」（http://www8.cao.go.jp/okinawa/siryou/singikai/sinkousingikai/25/gijiroku25.pdf, 2016年12月16日閲覧).

22) 沖縄県「沖縄振興一括交付金の事後評価について〈県説明資料〉」平成27年10月30日（http://www8.cao.go.jp/okinawa/siryou/singikai/sinkousingikai/26/26-04.pdf, 2016年12月16日閲覧).

23) 同上.

24) 同上.

25) 沖縄県「沖縄県 PDCA について」（http://www.pref.okinawa.jp/site/kikaku/chosei/keikaku/pdca/pdca_summary.html, 2016年12月16日閲覧).

26) 沖縄県「沖縄振興一括交付金の事後評価について〈県説明資料〉」平成27年10月30日（http://www8.cao.go.jp/okinawa/siryou/singikai/sinkousingikai/26/26-04.pdf, 2016年12月16日閲覧).

27) 第1回沖縄振興審議会会長・専門委員会合（平成28年6月8日開催）および第3回沖縄振興審議会会長・専門委員会合（平成28年10月13日開催）において沖縄振興計画の中間評価に関する審議が行われており，それぞれ第28回沖縄振興審議会および第29回沖縄振興審議会において専門委員会合資料として提供されている．

第 5 章 ／ 評価研究における定量的手法と定性的手法

┼ は じ め に

　公共部門ではプログラム評価や業績測定といった評価が行われており，また
それらは行政の中のさまざまなアクター間で多元的に実施されている．ただし，
アクターによって評価を行う目的や動機は異なっており，それが評価に対する
不満や期待の温度差として現れる．日本の政策評価や行政評価における「評価
疲れ」の問題はその典型である．

　たとえば日本の男女共同参画政策では，拠点施設の運営を担う指定管理者に
対して地方自治体が評価を行っている．ここでは男女共同参画所管課が個別に
行う評価のほか，総務課によるレビューや外部有識者委員会による外部評価な
どさまざまな評価が行われている．他方，実際にプログラムの実施に携わる指
定管理者にとって，地方自治体が行う評価は指定管理者の次回選定を左右する
ものとして消極的に受け止められる．指定管理者が求めるのはむしろ，評価す
るプロセスを通じて現状の問題点を理解したり多様なステークホルダーの意見
を把握したりするなど，プログラムの改善に資する評価結果を産出することで
ある．評価研究では，前者はアカウンタビリティを目的とする総括的評価，後
者は学習やプログラム改善を目的とする形成的評価として理解されている．

　このように，評価の活用に対する理解が異なる原因として，定量／定性手法
という評価の方法論に対する認識の相違を指摘することができる．総括的評価

はおもに定量的手法によって，形成的評価はおもに定性的手法によって展開されてきた．応用社会科学として発展した評価研究においては，定量的手法と定性的手法とではその背景やルーツが異なっており，両者の方式の相違をいかにして克服するかがこれまでにも議論されている．

　地方自治体—指定管理者，あるいは中央政府—地方自治体など，評価をする側とされる側に距離感や権力関係が存在する場合，評価は管理統制や意思決定の正当化など権力関係を保存する手段として用いられる恐れがある．その場合，評価をされる側のプログラム実施者が評価によるプログラム改善を期待しても裏切られることになる．両者のあいだに共通言語を構築するには，まず両者がそれぞれ認識する定量的手法と定性的手法の方式を理解する必要がある．

　そこで本章では，評価研究の分野における方法論争を参照し，それぞれで用いられる評価のデザインや手法を整理する．評価研究の分野では，評価が純粋な学術的調査とは異なることで生じる問題点についてこれまでに議論されている．政治との関係や科学的／実用的評価の対立は，評価が価値判断を求められていることから生じる問題である．1970年代はプログラム評価や定量的手法の隆盛を極めた時期であるが，1980年代以降はそれに対する批判や反動としてさまざまな定性的手法が提唱されるようになる．

十 1．定性的評価の主流化

（1）第4世代評価

　20世紀初頭から歴史を有するプログラム評価は，応用社会科学として教育学，心理学，公衆衛生など多様な学術領域における活動として行われてきた．プログラム評価の最盛期は，一般的にアメリカの会計検査院であるGAOがプログラム評価を採用した1970年代と言われているが，そこに至るまでやその後の評価のあり方は時代によって異なっている．そうした中で，定量的手法と定性的手法が依拠するパラダイム観も形成されていったのである．

　グーバとリンカーンは，評価の時代を 4 つに区分し，当時における評価の趨勢を「第 4 世代評価」として定義した［Guba and Lincoln 1989］．グーバらは，第 1 世代を「測定」の時代，第 2 世代を「記述」の時代，第 3 世代を「判断」の時代とした上で，それぞれの時代における教育評価の特徴を述べている．

　第 1 世代の「測定」の時代は，アメリカの学校教育におけるテストの普及を指している．テストの目的は，生徒が授業内容を習熟しているかどうかを確認することにある．当時のテストに測定が導入されていったのは，ライス（Joseph Mayey Rice）によるスペリングの習得における学習時間と結果の関係に関する研究，ビネット（Alfred Binet）による知的発達の遅れた子どもを選別するための計量心理学的測定技術の開発，アメリカ心理学会の協力による第一次世界大戦徴兵時の精神テストの開発と学校での採用など，学校教育に関する多くの場面でテスト方法の開発と精緻化が行われたことが背景にある［Guba and Lincoln 1989：23-24］．

　グーバとリンカーンは，学校教育においてテストが採用されていった文脈的要因として，当時の科学的管理法の影響を指摘している［Guba and Lincoln 1989：25-26］．テイラー・システムに代表されるように，科学的管理法は工場労働における人的作業の効率化を追求する手法である．科学的管理法の中核は動作時間研究（motion-time study）と作業の標準化（standardization）を基礎とした課業管理であり，作業計測の発想は産業工学の基礎として，標準化の原理は人事管理上の職務分類や財務管理上の標準コスト概念として広く適用された［西尾 2001：35-36］．学校においても，校長の管理する学校という「工場」において生徒は処理される「原料」であるとする科学的管理法の考え方が広く浸透していた［Guba and Lincoln 1989：25-26］．

　第 2 世代の「記述」の時代は，高等学校における新旧カリキュラムの長所と短所を記述する作業として現れた．第一次世界大戦の直後，アメリカの高等学校には初等学校程度の知識にとどまる学生が入学してきたためにカリキュラムの変更が検討されたが，それにより大学の標準的なカリキュラムをこなすため

の訓練が不十分な卒業生を受け入れざるを得なくなることを大学は恐れていた[Guba and Lincoln 1989：27]．この大学側の懸念が妥当なものであるかを調べるために行われたのが「8年研究」と呼ばれる調査研究である．

1933年にはじまった8年研究では，高等学校の4年間と大学の4年間にわたる計8年間の修学状況を対象に調査が行われた．8年研究はアメリカの進歩主義教育協会が主導した実験的な研究であり，日本の指導要領や教育実践にも多大な影響を与えている［浅沼 2010：1-4］．この研究では，新旧カリキュラムにおいて定められた目標がどの程度達成されているのかについて情報を収集し，カリキュラムの強みと弱みを記述することが行われた［Guba and Lincoln 1989：28］．

第3世代の「判断」の時代は，評価者が測定や記述のみならず判断を行うことが求められた．旧ソ連が1957年に世界で初めて人工衛星の打ち上げに成功したことを受けて，アメリカ連邦政府では全米科学財団や教育局のプロジェクトを対象に行われる評価が不十分であると考えられるようになったのである［Guba and Lincoln 1989：29］．1960年代には，ケネディ政権で構想された「ニューフロンティア」，ジョンソン政権による「偉大な社会」「貧困との戦い」などを受け，教育，医療，保健などの分野で社会プログラムが実施されることになった．また，1967年の経済機会法修正によって，GAO が貧困プログラムの有効性に関してプログラム評価を行うようになった［渡瀬 2005］．さまざまな場面で評価への需要を促進され，評価者にはプログラムの判断を求められるようになったのである．

評価の妥当性は，それが科学的根拠に基づく客観的な判断であるかどうかに依存すると考えられていた．キャンベルは1969年の論文で，実験的アプローチに基づいてプログラムの効果を検証することを提案している［Campbell 1969］．それに対して，クロンバックは1982年の論稿で，評価はアートであり科学的調査とは異なることを指摘している［Cronbach 1982］．ロッシらは，両者の主張を科学的評価と実用的評価の姿勢として対比的に整理している．「この両方の

意見に賛成したいと思う人は多いだろう．すなわち，評価は科学的研究の高い水準を満たすべきであり，同時にプログラムの意思決定者の情報ニーズに仕えるべきであると．ところが，現実には，この2つの目標はしばしば両立させにくいという点が問題なのである．（中略）評価者は，知見の妥当性を確保するための手続きと，その知見をコンシューマーにとってタイムリーで，意味があり，有用なものとするための手続きとの間に，到達可能な均衡点をみつけだしていかなければならなくなる」[Rossi, Lipsey and Freeman 2004：23-25；邦訳 23-25]．

　グーバとリンカーンが提唱する第4世代評価もまた，評価の妥当性をめぐる議論から導き出されている．第4世代評価では，以下のようにこれまでと異なる想定が行われている [Lincoln 2005：161-62]．第1に，第4世代評価では触知可能な現実のみならず，精神，価値，信念，意味の理解など社会心理学的な構成物を前提とする．第2に，評価者とステークホルダーとの関係は相互作用的で認識論的な実践として成立しており，両者は情報を十分に共有することができる．第3に，第4世代評価では用いられる手法の種類が拡大しており，統計モデルや数理モデルに加えて，定性的な手法を用いてデータの収集や分析を行う．第4に，第4世代評価では価値について考慮しており，人間の認知や意味の理解にとって不可避の問題であるとしている．

　なお，キャンベルに対するクロンバックやグーバとリンカーンの立場をとったとしても，一般化すなわち当該プログラムに対する評価結果が他の状況においても同様の結果を導き出すことは可能である．佐々木は，キャンベル，クロンバック，グーバとリンカーンの議論についてそれぞれ一般化の方法が異なることを指摘している [佐々木 2010]．その理由は，一般化の過程で母集団をどこまで考慮するのかがそれぞれで異なるからである．

　佐々木によれば，キャンベルによる母集団の考え方は2つあり，ひとつがサンプルを引き出してきた母集団，もうひとつが前者の母集団を含む無限の母集団である [佐々木 2010：78]．キャンベルの考えでは，サンプルに対する実験結果はサンプルを引き出してきた母集団に対して一般化可能であり，さらには一

般法則に則ることで無限の母集団にも一般化することが可能となる．クロンバックの場合，この一般化を政策対象となる母集団に対して行う［佐々木 2010：79］．サンプルを引き出してきた母集団と政策対象となる母集団の特徴が類似していれば，両者はともに無限の母集団に属しているため，サンプルから政策対象となる母集団に対して推定法による一般化が可能となる．

それに対して，グーバとリンカーンによる一般化の考え方ではそもそも無限の母集団を考慮しない．人は各自が関わっている小集団に対してすでに一定の理論を有しており，他の小集団を見る際にはそれにあわせて自らの理論を修正することが可能である［佐々木 2010：81］．他の小集団を対象とした評価報告書を読むことは「追体験」［佐々木 2010：80］をすることであり，その過程で自らの理論が修正され一般化されることになる．

このような一般化の特徴から，第4世代評価では認識論の多様性を指摘することができる．つまり，人種，民族，社会的性差，身体の健常さ，性的志向，言語の情勢といった特徴によって対象を認識し事実を構成するのである［Lincoln 2005：162］．この指摘は，評価研究における定性的手法の構成主義的な特徴を示しており，このような認識論的傾向は質的社会調査として行われる調査研究にも現れている．

グーバとリンカーンの主張は，それ自体が特定の立場を形成しているものの，評価のあり方や考え方の多様性を示す上で重要な示唆を含んでいる．第4世代評価の考え方はその後，参加型評価の登場として現れることになる．

（2）参加型評価の広がり

評価研究における定性的手法の隆盛とともに提唱されるようになったのが参加型評価（participatory evaluation）である．参加型評価にはさまざまな手法が存在するが，大きく分けて実用的参加型評価（practical participatory evaluation）と変革的参加型評価（transformative participatory evaluation）の2つに区別することができる［Cousins and Whitmore 1998］．両者は歴史的出自が異なるため，同じ

参加型評価でも評価の目的には差異がある．実用的参加型評価では多くのステークホルダーにとって有用な評価結果を産出することが求められ，変革的参加型評価ではステークホルダーのエンパワーメントや解放あるいは政治的社会的変化に焦点を置く．

　参加型評価の手法は，アクションリサーチと呼ばれる調査手法と多くの共通点を有している．アクションリサーチは，調査活動を通じて対象に働きかけを行うことで実際の成果を生み出す手法である．アクションリサーチでは，調査者は問題解決への支援者であり，調査結果は調査に関わった人びとによる利用を想定しており，調査デザインは調査を進めながら組み立てられていく［Merriam and Simpson 2000：122；邦訳 140］．アクションリサーチは，以下の点で従来の手法とは異なる特徴を有している［Merriam and Simpson 2000：122-23；邦訳 141］．

1．ある特定の状況（たとえば，教室，学校，社会的機関，地域社会など）に対して，直接に適用可能な知識の獲得を目的としている．

2．調査上の問題は，効率的な教授方法やある地域に特有の汚染問題など，調査者を悩ませるような事柄から現れてくる．

3．問題提起は一般的なかたちで示される．仮説はほとんど用いられない．

4．一次的な資料よりも二次的な文献資料の方が，広く用いられる．調査者がとくに求めているのは，研究対象の現象に関するアイディアである．

5．調査参加者は，体系的に抽出あるいは選択されたりはしない．調査参加者は，人間活動の自然な「流れ」の一部である．

6．研究遂行の手続きは，研究の当初にはただ一般的に計画され，必要に応じて調査進行のなかで変更される．

7．調査を行う際に，統制や実験条件にはほとんど注意が払われない．

さらに，参加型調査（participatory research）と呼ばれる調査手法は，アクシ

ョンリサーチと比べて変革や社会正義といった点が強調されるようになる．参加型調査では，調査対象者が調査活動への参加を通じて知識を獲得し，自らのエンパワーメントや社会変革を実現していくことが想定されている．参加型調査の手法は「社会科学の分野でよくみられる，高度に実証的で演繹的な調査法に対する反動」[Merriam and Simpson 2000：126；邦訳 144-45] である．参加型調査はソーシャルワークや公衆衛生学，開発学，社会学，人類学，看護学，教育学，コミュニティ心理学といった多様な分野において，エンパワーメントやソーシャルアクション，アドボカシー，社会変革のための手法として関心が高まっている [武田 2015：2].

これらのアクションリサーチや参加型調査は参加型評価の手法として用いられており，実用的参加型評価と変革的参加型評価をそれぞれ特徴づけているといえる．評価研究における定性的手法や参加型評価手法は，評価者による評価対象への接近，そして評価対象への働きかけを強調している点で，従来型の評価とは異なっている．こうした定性的手法や参加型評価の登場によって，定量的手法と定性的手法とのあいだで論争が行われることになる．

┼ 2．パラダイムの対立と手法の統合

（1）定量／定性論争

グリーンとヘンリーは，評価をめぐる定量／定性論争について以下のとおり解説している [Greene and Henry 2005：345-50]. 定量／定性論争は科学哲学の世界で長年議論されており，評価をめぐっては同様の議論が1970年代から1980年代にかけて行われた．両者はそれぞれ異なるパラダイムに属していると考えられている．定量的パラダイムでは実証主義，すなわち正当な根拠が存在し，信頼でき，追試可能で，実験的にデザインされる客観的な手法が用いられる．このパラダイムの成功は物理学や医学において確認することができる．それに対して，定性的パラダイムでは構成主義，すなわち文脈的で価値依存的かつ偶

然的な社会知識が調査の対象となる．応用社会科学者として評価者の多くがこの論争に関わり双方への批判を展開した．

　定量／定性論争には主要な要点が３つ存在する［Greene and Henry 2005：346］．すなわち，哲学，実践，評価者の役割である．各要点において定量的手法と定性的手法は異なる姿勢をとっている．以下では，それぞれの姿勢について対比的に確認したい．

　第１の哲学について，定量的手法の姿勢は演繹法と独立性の２つによって特徴づけられる［Greene and Henry 2005：346-47］．演繹法では，はじめに理論から導き出された予測や仮説が求められる．評価にとってこのことは，政策の根底にある理論をもとにして，プログラム効果の予測が明らかにされることを意味している．この予測は評価の開始に先行することになる．演繹法に代わるのが帰納法であり，この場合は観察から理論や予測を作り出すことになる．帰納法では一連の観察を説明するために理論が考案されることになる．したがって，定量的手法を採用する評価者は，理論が検証されない帰納法のアプローチに対して懐疑的である．もうひとつの独立性は，プログラムや評価スポンサー，プログラム参加者からの距離感を意味している．独立性を確保するには，評価者が科学的根拠をふまえて厳格な判断を行うことが求められる．ここでは事実と価値を区別することが重要となる．

　定量的手法の姿勢に対して，定性的手法の姿勢は，理論や仮説検証，演繹法といった定量的手法のモデルを採用していない．定性的手法では，事実と価値を二分する立場をとっておらず，独立性や客観性の確保は求められていない．すなわち「社会科学者が生み出す知識は価値自由ではあり得ない．社会科学において『純粋な事実』は存在しない」［Greene and Henry 2005：347］．

　第２の実践について，定量的手法では，社会プログラムの意図がアウトカムとして対象集団に対して反映されているかを確認することに重点がおかれる．「定量的手法を用いる評価者は，意図されたプログラムアウトカムの尺度を選択することや，プログラムの対象集団へのアウトカムの変化がプログラムにど

の程度起因しているかを評価することに焦点をあてる傾向がある」［Greene and Henry 2005：348］．それに対して，定性的手法ではアウトカムを強調するのではなく，対象への理解に重点をおく．「プログラムの経験に関する特徴や本来の性質を理解することを強く主張することは，プログラムの関与が参加者の実生活にどのような違いを生じさせるのかを理解することと同じくらい重要である」［Greene and Henry 2005：348］．

　第3の評価者の役割について，定量的手法と定性的手法では明確に異なる．定量的手法では評価者は「中立的なブローカー」であるのに対し，定性的手法では「政策アリーナ内」に位置づけられる［Greene and Henry 2005：349］．定量的手法を用いる評価者にはプログラムに関する科学的根拠を提供することが期待されており，それらの情報はより有効なプログラムの採用を促すことになる．定性的手法を用いる評価者にはプログラムの実施に伴う経験や困難について現場から情報を得ることが期待されており，それらの情報は政策決定よりむしろ現場レベルでの改善や市民への教育を促すことになる．このように，定量的手法と定性的手法とのあいだには特徴的な差異がある．

　ライハルトとクックは，定性的パラダイムと定量的パラダイムの特性を対照的に整理している（表5‒1）．定性的パラダイムは現象学と理解社会学に基づいており，アクター自身が有している準拠枠（frame of reference）から人間行動を理解することに関心を有している．そこでは自然的でかつ統制されない観察によって調査が行われる．調査は主観的に進められ，評価者はデータへ接近することで内部者として振る舞うことになる．グラウンデッドすなわちデータに根ざして調査や理論形成が進められることになり，発見志向で探検的，拡張主義的，記述的，帰納的なアプローチがとられる．調査はプロセス志向で行われる．データの収集では妥当性が重視され，現実を反映し内容が豊富で奥行きのあるデータが求められることになる．単一事例研究となるため，一般化ができないと考えられている．調査では対象を全体的に明らかにする傾向にある．定性的パラダイムでは現実を動態的なものとして想定している．

表 5 - 1 定性的／定量的パラダイムの特性

定性的パラダイム	定量的パラダイム
定性的手法の使用を支持	定量的手法の使用を支持
現象学と理解社会学 「アクター自身の準拠枠から人間行動を理解することに関心がある」	論理実証主義 「主観的な状態や個人にほとんど関心がなく社会現象の事実と原因を探求する」
自然的で統制されない観察	強制的で統制された測定
主観的	客観的
データへの接近，「内部者」の視点	データとの距離，「外部者」の視点
グラウンデッド，発見志向，探検的，拡張主義的，記述的，帰納的	非グラウンデッド，検証志向，確認的，還元主義的，推論的，仮説演繹的
プロセス志向	アウトカム志向
妥当性，「現実的で」「豊かで」「深い」データ	信頼性，「信頼のできる」追試可能なデータ
一般化できない，単一事例研究	一般化できる，複数事例研究
全体的	個別的
動態的な現実を想定	安定的な現実を想定

出典：Reichardt and Cook［1979：10］.

それに対して，定量的パラダイムは論理実証主義に基づいており，主観的な状態や個人に対して関心を持つことはほとんどなく，社会現象の事実と原因を探求することに関心を有している．そこでは強制的に設けられかつ統制された環境における測定として調査が行われる．調査は客観的に進められ，評価者はデータから距離を置くことで外部者として振る舞うことになる．非グラウンデッドすなわち個々のデータに焦点をあてることはなく，検証志向で確認的，還元主義的，推論的，仮説演繹的なアプローチがとられる．調査はアウトカム志向で行われる．データの収集では信頼性が重視され，信頼ができ追試が可能なデータが求められることになる．複数事例研究となるため，一般化することができると考えられている．定量的パラダイムでは現実を安定的なものとして想定している．

ロッシもまた，定量／定性論争の背景を構成する2つの領域を提示している［Rossi 1994］．ひとつが玄人による評価（connoisseurial evaluation）であり，「評価

表5‐2　パラダイム，デザインアプローチ，手法の例

用　語	定量的	定性的
パラダイム	実証主義（科学的手法） アプローチ	構成主義（第4世代） アプローチ
デザイン	実験的 準実験的 代表サンプル 事例研究	解釈的で弁証的 パターンマッチング 事例研究
手　法	本人へのインタビュー（構造化） 質問票 観察記録 行政記録	本人へのインタビュー（非構造化） フォーカスグループ 厚い記述 観察記録

出典：Hedrick［1994：47］.

　活動は玄人の判断を提供することを軸として展開し，通常は小規模プログラム
を対象に，適時かつ安価で行われる」［Rossi 1994：33］．もうひとつが最終的な
アウトカムの評価（net-outcome　evaluation）であり，「評価活動はプログラムの
有効性と効率性に関する見積もりを確立することを狙いとし，通常はかなり大
規模のプログラムに適用される」［Rossi 1994：33］．それぞれの評価からは，前
者が定性的手法，後者が定量的手法の特徴を含意していることがわかる．

　　ヘドリックは定量／定性論争について両者の統合の可能性を検討している
［Hedrick 1994］．ヘドリックは両者をパラダイム，デザインアプローチ，手法の
観点からそれぞれ区別している（表5‐2）．グリーンとヘンリーの主張と同じ
く，ヘドリックの主張は両者のパラダイムを実証主義と構成主義に区別してい
るが，統合の観点から示唆を与えている．すなわち「もっとも広範なパラダイ
ムのレベルでは，アプローチが相互排他的になる傾向にある．私たちがデザイ
ンアプローチや手法レベルの考察へと移るにつれて，相補的なやり方で両方が
用いられるアプローチを想像しやすくなる」［Hedrick 1994：49］．パラダイムの
レベルでは難しくても，定量的手法と定性的手法が下位のレベルでは相容れる
可能性がある．

　　定量的手法と定性的手法は，パラダイムレベルでは両者はそれぞれ対照的な

特徴を有していた．定量的手法と定性的手法は，パラダイム間の相違を克服するために，評価のデザインや手法のレベルでの統合を模索してきたのである．

（2）手法の統合

　定量／定性論争では定量的手法と定性的手法の対立やパラダイムの相違が明らかにされたが，これらを強調しすぎることは両者の相互補完的な利用を妨げる可能性があるために適切ではない．定量的手法と定性的手法との統合については，社会調査法の分野で議論されている．

　パンチは，定量的なアプローチと定性的なアプローチそれぞれの差異がステレオタイプ的に強調されており，両者の基底にある論理の類似性が覆い隠されていることを指摘している［Punch 1998］．「アプローチ（量的か質的か）と目的（たとえば理論検証であるとか理論生成など）とは相関するが，こうした相関は，完全な相関でも必要なものでもない．量的調査は多くの場合理論のテストのために用いられるであろうが，領域を探索し仮説と理論を生み出すために用いられても構わない．同様に，質的調査は，理論生成に一番向いてはいるが，仮説や理論を検証するために用いられてもまったく問題はない」［Punch 1998：240；邦訳 329-30］のである．両手法は，調査の目的に応じて適宜利用されることになる．

　パンチは，ステレオタイプ化された2つのアプローチの区別について，ハマーズレイが示した二項対立図式のうち5つに言及している．すなわち，質的データ／量的データ，自然な状況の調査／人工的な状況の調査，意味への焦点づけ／行動への焦点づけ，帰納法／演繹法，文化型の確認／科学的法則の探究である［Hammersley 1992；Punch 1998：240；邦訳 330］．この図式は両極的なものではなく分布に幅があり，「それぞれの面での位置づけ方の選択は，哲学的考慮よりも，調査目的や調査環境に依存」［Punch 1998：240；邦訳 330-31］するのである．

　手法の統合は，評価研究においても指摘されている．イアンニとオールは，

評価者が定量的手法と定性的手法のそれぞれから多数の調査技術を引き出して利用することが可能であると指摘している [Ianni and Orr 1979：93]．この調査技術には，対象への関与が最小限であるもの（非影響測定法や保管した記録のレビュー）から適度に関与するもの（尺度，テスト，サーベイの利用）そして参加者との積極的な関わり合いを必要とするもの（観察やインタビュー）までさまざまなものが用いられる [Ianni and Orr 1979：93]．「ひとつの技術が特定の評価プロジェクトにぴったりと適合することはおそらくなく，なぜなら科学的探求に関するすべての基準が満たされることはあり得ないからである」[Ianni and Orr 1979：93]．

　それでは，定量的手法と定性的手法の選択や比重の置き方ではどのような点を考慮すべきであろうか．パンチの議論に戻ると，6つの点が考慮される必要があると指摘されている．第1に，つねに問題に立ち戻って本当に見つけ出したいことは何かを自問すること（問題が異なれば答えを出す方法も異なってくる），第2に，定量的手法と定性的手法のアプローチの概略に立ち返ること（標準化されたシステマティックな比較を行うのか，それとも対象の全体像を詳細に明らかにするのか），第3に，既存の調査文献の中から示唆を得ることができるか（既存文献中の定量的または定性的手法が自らの研究に与える影響），第4に，資源の問題などに関する実用的な考慮（時間，資金，利用可能なサンプルやデータ，調査者の予備知識，状況へのアクセス，周囲の協力など），第5に，知識のペイオフ（どちらのアプローチの方がより多くの有用な知識を得られるのかを調査費用と利益の観点から考慮），第6に，スタイルの問題（どちらのアプローチを好むのかという哲学的問題や当人の潜在的気質の問題）である [Punch 1998：244-45：邦訳 335-38]．手法から考えるのではなく，そもそもの調査目的は何かという点に立ち返って，いずれの手法を用いるのかを検討することが求められる．「問題がどのようにして問われているかは，それに答えるために必要とされることが何であるかということに，影響する」[Punch 1998：245：邦訳 338] のである．

　定量的手法と定性的手法を統合することで，調査目的に対して最適なアプロ

ーチをとることのできる可能性が広がる．ブライマンは，社会調査法において定量的手法と定性的手法を統合するためのアプローチとして，以下の11種類を示している．すなわち，① トライアンギュレーションの論理，② 定性的調査による定量的調査の促進，③ 定量的調査による定性的調査の促進，④ 全体像を描き出すための定量的調査と定性的調査の統合，⑤ 構造と過程，⑥ 調査者と対象者の観点，⑦ 一般性の問題，⑧ 定性的調査による変数間の関係性に関する解釈の促進，⑨ マクロレベルとミクロレベルの関係，⑩ 調査プロセスにおける段階，⑪ 混合である [Bryman 1988：131-52]．定性的パラダイムと定量的パラダイムとではそれぞれ異なる特性を有していることから，その二項対立的な区別を強調するよりも緩和することによって，調査のさまざまな場面において相互補完的に両者の強みを生かすことができると考えられる．

（3）CIPP モデル

定量／定性論争におけるパラダイムの対立や手法の統合といった議論に先行して，評価研究では早くから手法の統合が提示されている．手法の統合として早くから用いられてきたのが，スタッフルビームによって1966年に紹介されたCIPP モデルである．

CIPP モデルは形成的評価と総括的評価を導く包括的なフレームワークであり，文脈（Context），インプット（Input），プロセス（Process），成果（Product）の観点から評価のマネジメントを行う．それぞれの観点で注目される点は次のとおりである [Stufflebeam 2005：61]．文脈の評価では，目標と優先順位の定義やアウトカムの判断のためにニーズや問題，利点，機会を事前に評価する．インプットの評価では，目標とされたニーズを満たしたり目標を達成したりするために代替的なアプローチや競合する活動提案，関連する予算を評価する．プロセスの評価では，活動の手引きやプログラムの業績判断あるいはアウトカムの説明に関する計画の実施について評価を行う．成果の評価では，事業を継続し成功を導くために，意図されたあるいは意図されていないアウトカムの評価

を行う.

　CIPP モデルはプログラムの改善に焦点をあてている. そのことは, スタッフルビームによる次の記述からも明らかである. すなわち「評価においてもっとも重要な目的は, 真実であることを示すことではなく, 改善することである」[Stufflebeam 2005：62]. この指摘は, 評価研究が学術研究と異なることを端的に示している. 学術研究では, 科学的探求や検証を通じて命題の正しさを明らかにすることに関心がある. それに対して, 評価研究の場合はむしろ, 調査対象となるプログラムの改善に寄与するような評価結果を産出することが求められる. 学術研究上の方法論争に比べると, 評価研究ではよりプラグマティックな対応をとることで実務に寄与する傾向にある. このことは, 手法レベルの統合として現れている.

　CIPP モデルでは, 文脈, インプット, プロセス, 成果の4つの観点からさまざまな手法の利用が想定される（表5‐3）. 成果の観点は, さらにインパクト, 有効性, 持続可能性, 移植可能性という4つのサブカテゴリに分割することができる. CIPP モデルの最終目的は, 文脈, インプット, プロセス, 成果（インパクト, 有効性, 持続可能性, 移植可能性）の7つの観点をバランスよく俯瞰した統合報告または最終報告を作成することにある. そのためには, 個々の観点を確認するためのさまざまな手法を動員することで対応が可能となる.

　この表では具体的な手法として, サーベイ調査, 文献調査, 資料調査, 他のプログラムの見学, チームのアドボカシー, デルファイ法, プログラムの概略やデータベース, 現場の観察者, 事例研究, ステークホルダーへのインタビュー, フォーカスグループ, ヒアリング, 費用分析, 二次データ, ゴールフリー評価, 写真記録, タスクの報告とフィードバック会合が挙げられている. これらの手法の中には定量的手法と定性的手法が混在している. それぞれの手法は, 7つの観点のうちどの評価に強みを有しているかに違いがある. たとえば, 費用分析では, インプットの評価として代替的なアプローチ間の費用を比較したり, プロセスの評価として実際に要した費用を計算したり, 有効性の評価とし

表5-3　CIPP 評価において利用が想定される手法の実例

手　法	文　脈	インプット	プロセス	インパクト	有効性	持続可能性	移植可能性
サーベイ調査	✓		✓	✓	✓	✓	
文献調査	✓	✓					
資料調査	✓	✓	✓	✓	✓		
他のプログラムの見学		✓		✓	✓		✓
チームのアドボカシー		✓					
デルファイ法	✓	✓					
プログラムの概略やデータベース		✓	✓	✓	✓	✓	
現場の観察者			✓	✓	✓	✓	
事例研究			✓	✓	✓	✓	
ステークホルダーへのインタビュー	✓		✓	✓	✓		✓
フォーカスグループ	✓	✓	✓	✓	✓		✓
ヒアリング	✓	✓			✓		
費用分析		✓	✓		✓	✓	
二次データ	✓				✓		
ゴールフリー評価			✓	✓	✓	✓	✓
写真記録	✓		✓	✓	✓	✓	✓
タスクの報告とフィードバック会合	✓	✓	✓	✓	✓		✓
統合報告または最終報告	✓	✓	✓	✓	✓	✓	✓

出典：Stufflebeam ［2005：64］.

　て要した費用に対して得られた効果を明らかにしたり，持続可能性の評価として将来にわたる費用や便益の見積もりを行ったりすることが考えられるだろう．

　CIPP モデルでは，形成的評価と総括的評価それぞれにおいて文脈，インプット，プロセス，成果の4つの観点を考慮した評価が行われることになる．形成的評価では，「求められている介入の特定や目標の選択および順位づけの手引き」（文脈），「プログラムや他の戦略を選択するための手引き」（インプット），「業務計画の実施のための手引き」（プロセス），「取り組みを継続し，修正し，採用し，終了させるための手引き」（成果）として評価結果が用いられることに

なり，総括的評価では，「事前に評価されたニーズや問題，利点，機会に対する，目標および優先順位の比較」（文脈），「批判的な競合者のプログラム提案や対象となる受益者のニーズに対する，プログラムの戦略，デザイン，予算の比較」（インプット），「実際のプロセスや費用の記録に関する十分な記述，デザインされたプロセスおよび費用と実際のプロセスおよび費用との比較」（プロセス），「対象となるニーズやあるいは競合するプログラムに対するアウトカムや副次的効果の比較，取り組みについて事前に評価された文脈，インプット，プロセスに対する結果の解釈」（成果）として評価結果が用いられることになる [Stufflebeam 2005：63]．総括的評価はおもに定量的手法によって，形成的評価はおもに定性的手法によって行われる傾向にあることが指摘されているが [Herman, Morris, and Fitz-Gibbon 1987：26]，CIPP モデルでは形成的評価であるか総括的評価であるかを問わず，評価の目的に応じて定量的手法と定性的手法が用いられることになる．

（4）混合手法

　近年では，混合手法（mixed methods）と呼ばれる手法が注目されている．混合手法とは，2つ以上の手法を用いてデータの収集や分析を行う方法である．混合手法については学術研究における方法論としても議論されているが，評価研究からも注目を集めている．

　評価研究において混合手法を用いる目的には，以下の5つがある [Greene 2005：255]．第1が，トライアンギュレーションである．トライアンギュレーションとは，さまざまな手法を用いることで評価結果の妥当性や信頼性を向上させることを意味している．第2が，開発である．開発とは，ある手法の結果を，別の手法で用いる標本や器具類の開発に用いることを意味している．第3が，相補性である．相補性とは，さまざまな手法を用いることでさらなる理解を促進し，評価結果の包括性を拡張させることを意味している．第4が，創始である．創始とは，相違や一致を求めるさまざまな手法による評価結果の中か

ら新たな洞察を生み出すことを意味している．第5が，価値の多様性である．価値の多様性とは，評価における価値の次元についてさまざまな手法を用いることで広範な価値や意識を組み込むことを意味する．

　混合手法を評価に適用した事例として，ダッタはアメリカの国際開発局（Agency for International Development: AID）が実施したインドネシアにおける乳幼児生存活動プログラムの評価を挙げている［Datta 1997：36-37］．このプログラムは，5年のプロジェクトとして行われ，3年が経った時点で取り組みの達成状況やインパクトについて中間的な評価を行うことになった．この評価ではさまざまな環境的制約が課せられており，それらを克服するために混合手法を用いた評価が行われるようになったのである．

　ダッタによれば，プロジェクトによる変化をたどる上でいくつかの困難があった［Datta 1997：36］．プロジェクトは，すでに進行中の活動について新たな支援を行っていた．これらの活動とはおもに，予防接種，下痢症状の抑制，栄養状況の改善，危険の高い出産の低減などである．また，それらの活動のいくつかは異なるドナーによって資金提供を受けていたり，それ以外の国内要因が影響を及ぼしたりしている可能性があった．評価は3週間という限られた期間で行われ，評価にあてられる人員も4人と小規模のチームであった．当時のインドネシアの人口は1億7500万人であり，彼らは約6000ある島に広範にわたって分布していた．こうした背景事情や制約の中でも，混合手法を用いることで評価設問に対する回答を行うことができると考えられたのである．

　表5-4では，プロジェクトを評価する際の設問に対して，それに答えるためのさまざまな手法が提示されている．この表からは，定量的手法と定性的手法とを問わずさまざまな手法が用いられていることが理解できる．たとえば，「国際開発局の取り組みの文脈はどのようなものか」という設問に対しては，文書やインタビューあるいは過去の報告書による歴史分析の手法が用いられる．「全体的に，インドネシアは他のアジア諸国とどのように比較されるのか」という設問に対しては，世界銀行が提供するデータの二次分析が用いられる．

表5–4 インドネシアの乳幼児生存状況に関する評価の設問と手法

評価の設問	手　　法
国際開発局の取り組みの文脈はどのようなものか 国際開発局独自の貢献はどのようなものか	文書，インタビュー，以前の報告書を通じた歴史分析 米の自給自足，貧困の減少，教育の拡大といった変化の見込みのある貢献に関する質的事例研究による記述
全体的に，インドネシアは他のアジア諸国とどのように比較されるのか	世界銀行データの二次分析
活動はどのように実施されるのか	質的文書分析とインタビュー
母子サービスに対するプログラムのインパクトとは何か	家族計画や子どもの栄養状況に関する全国データを用いた時系列比較 終了した特定プロジェクトの報告書に関する質的分析
予防接種に対するプログラムのインパクトとは何か	DTP1（ジフテリア・破傷風・百日咳三種混合ワクチンの第1回接種），ポリオ1（ポリオ予防ワクチン第1回接種），BCG（結核予防ワクチン），はしか予防ワクチン，新生児破傷風ワクチンの適用範囲に関する保健省のデータや国際開発局プロジェクトからのデータを用いた時系列比較 インフラの変化（たとえばワクチンの効能を維持するために中央から周辺部への低温流通システムを確立すること）に関する保健省のデータの質的分析 成功したワクチン輸送と地域診療所（インドネシア語でposyandu）の設立とを結びつける質的事例研究と一連の出来事の分析
医療サービスの効率性に対するインパクトとは何か	時系列のワクチン生産に関する非公開データ（都市部と農村部において1985年から1986年までと1988年から1989年までのあいだの適用範囲の公平さの改善を示す）の比較分析
乳幼児の死亡率に対するインパクトとは何か	病院記録からの地域データを用いた，プログラムを実施する地域とそうでない地域，あるいは介入の対象となる病気とならない病気による準実験的な比較による事前事後分析（プログラムを実施する地域と実施しない地域のいずれにおいても，介入の対象とならない病気に変化が見られない場合，推論が著しく強化される）

出典：Datta［1997：38］.

「予防接種に対するプログラムのインパクトとは何か」という設問に対しては，各種ワクチンの適用範囲に関するデータを用いた時系列比較の手法が用いられる．「乳幼児の死亡率に対するインパクトとは何か」という設問に対しては，プログラムを実施した地域と実施しなかった地域との比較による準実験的手法

が用いられる．

　手法を選択する際の基準は，インドネシアという環境によってもたらされる制約（たとえば地理的な要因）や評価者側の制約（人的，金銭的，時間的な要因）によって設定されることになる．今回の事例では，一からのデータ計測や長期間にわたる追跡調査などは物理的に実施できないだろう．「4人，3週間」という交渉の余地のない要件が，かえって評価デザインのトレードオフを最適化しているといえる［Datta 1997：37］．

　これらの手法からは，評価者自らが一から評価してデータを収集するというよりはむしろ，既存のデータや報告書を多分に活用していることがわかる．それらのデータや文書は，国際開発局や他の開発機関，類似プロジェクト，関係省庁，地域の病院，保健省，国連児童基金（United Nations Children's Fund: UNI-CEF），第三者機関などによって提供されている［Datta 1997：37］．既存のデータや文書を活用することで評価プロセスの充実を図るとともに，人的，金銭的，時間的な制約の中で最良の評価結果を生み出すことを企図している．

＋ 3．日本の評価実務

　日本では，中央府省の政策評価や地方自治体の行政評価などさまざまな評価実務が行われている．これらの現場では，本章で論じてきた社会科学的な調査手法が積極的に用いられているとは必ずしもいえない．むしろ，中央府省や地方自治体のほとんどでは本章で論じてきた評価ではなく業績測定（performance measurement）が主流化している．業績測定とは，事前に指標を設定し，それらを測定することで目標が達成されたかどうかを事後的に検証するための目標管理の手法である．日本の評価実務では，この業績測定が「評価」として用いられている場合が多く，本章が参照してきた議論を援用するには困難が伴う．

　このような事情から，日本の評価実務は定量的手法や定性的手法について広範に検討がなされている状況とはいえず，また講学上も定量的手法と定性的手

法の普及状況に関する実証研究はほとんどみられない．本章では最後に，政府開発援助（ODA）の評価と政策評価を例に，日本の評価実務における定量的手法と定性的手法の考え方について検討する．

（1）ODA 評価

日本における ODA の分野では，政策評価制度が導入されるよりも古くから評価が行われており，情報収集や分析を行うために定量的手法と定性的手法とを組み合わせて評価を行っている．外務省が発行している「ODA 評価ガイドライン」では，情報収集の手法として，インタビュー（構造化インタビュー，半構造化インタビュー，非構造化インタビュー），フォーカス・グループ・ディスカッション，直接観察，文献調査，ベースライン調査，アンケート調査が例示されている[1]．また，分析の手法として，リスク分析，事例研究，費用便益分析，費用効果分析，産業連関分析，計量経済モデルを用いた分析，インパクト評価が挙げられている[2]．

独立行政法人国際協力機構（JICA）が2004年に策定した「プロジェクト評価の手引き―改訂版 JICA 事業評価ガイドライン」では，情報収集におけるデータの種類として定量データと定性データに関する記述がある．定量データは「農作物の収穫量，識字率，乳児死亡率，灌漑面積，建設された施設の数，参加した人数，テストの平均値など，データそのものが数値で表されているものである」[3]．定量データが適しているとされるのは，「実績や達成度などを測定する」「大人数を対象に調査する」「確立した測定手段がある」「統計分析を行う」といった場合である[4]．それに対して，定性データは「現象を記述的に把握したもので，特定の課題や人々の行動・認識をより深く詳細に知ることに適して」い[5]る．定性データが適しているとされるのは，「より深く，詳細な情報を調査する」「達成状況に影響を与えた周辺要因（阻害・貢献要因など）を探る」「あらかじめ分析方法を決めていない」「定量化する必要がない」といった場合である[6]．

JICA によるこの手引きには，理数科教師養成プロジェクトを事例に，定量

表 5 - 5　データの種類と収集方法の関係

	質問紙調査		インタビュー調査	フォーカスグループ・ディスカッション	観　　察	
	選択肢式	自由回答式			チェックリストを用いた観察	視察，状況把握
定量データ	○		△※		○	
定性データ		○		○		○

注：※質問紙に準じる形で選択肢を用意したインタビュー（構造化インタビュー）を実施した場合は，ある程度定量化が可能.
出典：国際協力機構（2004）「プロジェクト評価の手引き―改訂版 JICA 事業評価ガイドライン」（http://www.jica.go.jp/activities/evaluation/guideline/pdf/old_guideline.pdf, 2016年 6 月 2 日閲覧）.

データと定性データの例が示されている．定量データの例としては，「研修の参加者数」「養成された教師の数」「学生のテストのスコア」「教授方法の質を測定するインデックス」が挙げられており，定性データの例としては，「研修内容で不満に感じたこと・提案」「親の目から捉えた子供の変化」「教師養成プロジェクトに対する教員の認識の変化」「なぜ教授法が改善されなかったのかの理由」「教員養成コースの実施体制の適正度」が挙げられている[7].

　表 5 - 5 では，定量データと定性データそれぞれを収集するのに適した手法が示されている．収集しようとしているデータに応じて，適切な手法を選択する必要があることを理解できる．また，質問紙調査や観察のように，同じ手法でもその実施方法によって定量データを収集するものと定性データを収集するものとが存在している．それぞれの収集方法が有する強みや弱みに留意し，またプロジェクトの状況や評価者の制約などを考慮した上で，複数の手法を組み合わせて用いることが求められている．手引きでは組み合わせの例として，質問紙調査結果の背景を探るためにフォーカスグループを行ったり，質問紙調査の中で選択肢式と自由回答式を併用したりすることが示されている[8].

（2）政 策 評 価

　日本の中央府省で政策評価制度が法制化されたのは2001年のことである．法制化に至るまでに各府省ではさまざまな研究会が設けられ，そこでは手法に関

する議論が交わされている．日本の政策評価制度は，定量的手法を強調している点に特徴がある．

「行政機関が行う政策の評価に関する法律」（平成13年6月29日法律第86号）の第3条2項1号は「政策効果は，政策の特性に応じた合理的な手法を用い，できる限り定量的に把握すること」と定めており，政策評価の客観的かつ厳格な実施を謳っている．他方，定性的という言葉は法文の中には見あたらない．日本の政策評価制度はその根拠となる法令の中で定量的手法を重視する姿勢を示しているのである．

1998年3月から1999年6月まで当時の通商産業省に設置された「政策評価研究会」は最終報告書の中で定量的手法と定性的手法に言及している．報告書では，定量的手法に対して多くの記述がなされており，費用便益分析，費用効果分析，コスト分析，統計解析法，対照実験法，行政指標を用いた評価について具体的な事例とともに紹介されている［政策評価研究会 1999：91-137］．定性的手法については，「精緻な」定量的手法に対する「簡便な」手法として簡単な紹介にとどまっており，数値的な分析による裏づけの重要性を強調している［政策評価研究会 1999：137-39］．

1999年8月から2000年12月まで当時の総務庁に設置された「政策評価の手法等に関する研究会」は最終報告の中で，「できる限り定量的な手法が望ましい」として定量的手法を重視する見解を示している．[9] ただし，定量的手法の適用になじまない評価対象の場合には，あくまで客観性の確保に配慮する必要があるものの，定性的手法を用いることが適当であると示されている．とくに，総合評価方式を用いた政策評価においては，特定の評価手法によらず，評価対象に応じて定量的手法と定性的手法を用いて評価することが示されている．

＋ おわりに

本章では，評価研究における定量的手法と定性的手法について，定量／定性

論争での議論を手がかりとしてその特徴を対比的に論じた．本章の概略は以下のとおりである．

　定量／定性論争は，定量的手法に対して定性的手法の側から批判が加えられたことを契機としていた．グーバとリンカーンが唱えた第4世代評価は，それまで定量的手法が優勢だった評価に対して定性的手法の重要性を説いたものとして注目され，その後の定性的手法の隆盛や参加型評価の提唱へとつながったのである．定量／定性論争では，両手法のあいだには実証主義と構成主義というパラダイムの相違が存在し，それぞれパラダイムの特性が異なることが認識されていた．定量的手法と定性的手法は，パラダイムの相違を克服するために，パラダイムの下位である評価デザインや評価手法のレベルで統合を模索していったのである．

　手法の統合については社会調査法の分野でも議論がされており，そこでは両手法を組み合わせて用いることで調査目的に対して最適なアプローチをとることができると考えられていた．また，評価研究においても，スタッフルビームが提唱した CIPP モデルに見られるように，定量／定性論争が行われる以前から定量的手法と定性的手法を統合した評価プロセスが提唱されていた．この CIPP モデルが示唆するのは，定量的手法と定性的手法は，文脈，インプット，プロセス，成果についてそれぞれ異なる観点で評価を行っており，さまざまな評価手法を組み合わせることですべての観点を俯瞰した最終報告書を作成することができるということである．また，近年では混合手法の観点から評価を行うことについて議論がなされており，本章ではアメリカ国際開発局が実施したインドネシアでの乳幼児生存活動プログラムの評価を例として挙げた．この事例からは，資金，人員，期間といった面でのさまざまな制約が，定量的手法と定性的手法の選択に関わる評価デザインのトレードオフを最適化していることを理解することができた．

　本章の最後では，日本の評価実務を例に，定量的手法と定性的手法がどのように用いられているのかを明らかにした．ODA の分野では，定量的手法と定

性的手法を組み合わせて用いることに合意がなされており，各種ガイドラインの中でデータの収集や分析にかかる定量と定性の特性の違いに関する記述を確認することができた．他方で，政策評価制度では可能な限り定量的手法を使用することが法律の条文中に定められており，また各省庁の研究会から出された報告書からも定量的手法の使用が強調されていることを理解できる．

　本章は，評価研究における定量的手法と定性的手法について，先行研究の整理を行う中で両手法の特徴の違いを明らかにした．また，評価研究では定量的手法と定性的手法の統合によるアプローチが早くから検討されており，評価実務においても手法の統合を観察することができた．課題として，本章では手法の統合に関する具体例を分野ごとに検討することができなかったため，今後は各分野の事例研究を重ねることが重要であると考えられる．

注

1）　外務省［2015］「ODA 評価ガイドライン第 9 版」（http://www.mofa.go.jp/mofaj/gaiko/oda/files/000083485.pdf, 2016年 6 月 2 日閲覧）.

2）　同上.

3）　国際協力機構［2004］「プロジェクト評価の手引き─改訂版 JICA 事業評価ガイドライン」（http://www.jica.go.jp/activities/evaluation/guideline/pdf/old_guideline.pdf, 2016年 6 月 2 日閲覧）.

4）　同上.

5）　同上.

6）　同上.

7）　同上.

8）　同上.

9）　政策評価の手法等に関する研究会［2000］「政策評価制度の在り方に関する最終報告」（http://www.soumu.go.jp/main_sosiki/hyouka/s_saihou.htm#100, 2016年 6 月 2 日閲覧）.

第6章 参加型評価の可能性

＋ は じ め に

　応用社会科学として位置づけられるプログラム評価（program evaluation）は，20世紀初頭から社会科学の諸分野で発展してきた評価研究（evaluation research）が原型となっている．その目的はプログラム作成者の意思決定に資する情報提供にあるが，近年では評価プロセスや評価結果の利用に広範な利害関係者を参加させることで民主主義の要請に応えようとする新たなプログラム評価の手法，すなわち参加型評価（participatory evaluation）が注目されるようになっている．

　本章で検討する参加型評価とは，プログラム評価の中でもとりわけ利害関係者の参加を重視した評価のことである．これまでに評価結果の実用性や社会変革を目的としたさまざまなプログラム評価の手法が提唱されているが，これらはすべて「参加型評価」として概念上整理されている．参加型評価はその出自から，プログラム作成者や資金提供者に対する情報提供を目的とした従来型のプログラム評価とは対照的に，プログラムの対象者をはじめとする多様な利害関係者によって評価結果が利用されることを目的としている．

　本章では，参加型評価の理論と展開について，従来型のプログラム評価との対比を用いながら検討する．参加型評価にはさまざまな手法が存在しており，これらを理解するためにはその歴史的出自や目的から整理を行う必要がある．また，参加型評価の手法に応じて評価者に求められる役割は異なっており，評

価者による評価プロセスへの関与の度合いによって参加型評価の手法の違いを理解することが可能である．くわえて，日本では必ずしも普及しているとは言いがたい参加型評価について，実際に活用されうる具体的な場面とその担い手について考察を行う．

╀ 1．評価と民主主義

　プログラム評価が追求する価値は，その利用目的や制度に応じて異なる．たとえば，日本の中央政府で行われる政策評価は行政がその実施主体であり，行政の基本的な価値観である「能率」と「民主主義」の2つの価値観が色濃く反映されている．それは「行政機関が行う政策の評価に関する法律」（平成13年6月29日法律第86号）の第1条に「効果的かつ効率的な行政の推進」と「政府の有するその諸活動について国民に説明する責務」という記述があることからも確認できる．ただし，日本の政策評価は行政機関の自己評価が原則であるため，国民や利害関係者は評価プロセスに関与しない．評価に際してしばしば注目されるのは行政活動の合理性であり，評価プロセスにおいて民主主義の視点が十分に酌まれているとは言いがたい．これは，地方自治体における行政評価でも同様である．

　この問題を考える上で，プログラム評価には2つの価値が存在することを理解する必要がある．ひとつが技術的合理性であり，「政策とその手段を運営する行政活動に関する技術の合理的な活用」［山谷 2006：182］のためにプログラム評価を行う場合である．もうひとつが民主主義であり，ここでは統治機構の中にどのように評価制度を入れ込むのかというマクロな視点と，評価プロセスの公開，パブリックコメント，特定テーマのワークショップ開催といった方法から追求するミクロな視点がある［山谷 2006：182］．

　評価プロセスにおいて民主主義を追求する方法として，これまでにもたとえば自治体の外部評価委員会における市民代表の選任や県民アンケートの実施を

通じて民主主義の要請に応えようとする取り組みがなされてきた．しかし，これらはいずれも行政が人選や項目作成を行うために，民主主義の価値を評価プロセスに反映させるには限界がある．また，評価プロセスにおいて民主主義を追求した場合，評価専門家との分業体制をどのように機能させるのかといった問題も生じる．従来型のプログラム評価におけるこれらの問題から，参加型評価が提唱されるようになったのである．

　参加型評価の特徴を理解する上で前提となるのが，プログラム評価には総括的評価と形成的評価の 2 つの種類が存在するという点である［Herman, Morris and Fitz-Gibbon 1987：26］．これらは，主要なオーディエンス，データ収集における強調点，プログラム開発者と実施者の主要な役割，評価者の主要な役割，典型的な方法論，データ収集の頻度，主要な報告メカニズム，報告の頻度，報告における強調点，信頼の要件によって対比的に比較される（表 6 - 1）．

　従来型のプログラム評価は，その特徴から総括的評価に該当する．つまり，政策作成者や公衆あるいは資金提供者が評価結果の主要な利用者として想定され，プログラムの実施と成果に関する証拠資料の収集が行われる．プログラムの開発者や実施者はデータ提供者として位置づけられ，評価の対象となる．総括的評価では科学的客観性や不偏性が求められることから，評価者には評価対象から独立的に振る舞うことが求められる．総括的評価という名称からも明らかなように，プログラムの終了時点で総括として行われる活動であるため，データ収集と報告の頻度は評価を行う時点に限定され，評価結果の報告は公式的な報告書の発行によって行われる．報告書ではプログラム全体のマクロな関係について考察がなされ，政策や行政統制，マネジメントに関する事項が強調される．報告書の評価結果は，その科学的な厳格さや不偏性といった観点から信頼性が確認される．

　それに対して，参加型評価はその特徴から形成的評価に該当する．総括的評価では意思決定者が評価結果の想定利用者であるのに対して，形成的評価ではプログラムの開発者や管理者，実施者など，実際にプログラムに関与する者が

表 6‐1　形成的評価と総括的評価の比較

	形　成　的	総　括　的
主要なオーディエンス	プログラム開発者	政策作成者
	プログラム管理者	関心のある公衆
	プログラム実施者	資金提供者
データ収集における強調点	目標の明確化	成果に関する証拠資料
	プログラムの過程／実施の性質	実施に関する証拠資料
	実施と成果の進捗における問題の明確化	実施と成果のマクロレベルでの分析
	実施と成果のミクロレベルでの分析	
プログラム開発者と実施者の主要な役割	コラボレーター	データ提供者
評価者の主要な役割	相互的	独立的
典型的な方法論	質的手法と量的手法（前者をより強調）	量的手法（ときに質的手法で強化）
データ収集の頻度	継続的なモニタリング	限定的
主要な報告メカニズム	討論／ミーティング	公式的な報告書
	非公式な交流	
報告の頻度	終始頻繁に	結論で
報告における強調点	過程要素間の関係―ミクロレベル	マクロな関係（文脈，過程，成果）
	文脈と過程間の関係	政策，行政統制，マネジメントへの含意
	過程と成果間の関係	
	プログラム実務への含意とオペレーションにおける特定の変化	
信頼の要件	プログラムの理解	科学的な厳格さ
	開発者／実施者の調和的な関係	不偏性
	アドボカシー／信頼	

出典：Herman, Morris and Fitz-Gibbon［1987：26］.

評価結果の想定利用者となる．データ収集では目標があらかじめ明確化され，プログラムの過程や実施の性質に焦点が当てられる．プログラムの開発者や実施者はたんなるデータ提供者ではなく，協働して評価活動を行うコラボレーターの役割を担う．形成的評価では，利害関係者と相互に協力して評価を行うことが求められる．形成的評価ではプログラムの実施中に評価活動を行うため，データ収集と報告の頻度は継続的かつ頻繁であり，評価結果は討論やミーティングあるいは非公式な交流を通じて形成される．報告書ではプログラムの実施過程における要素間のミクロな関係について考察がなされ，プログラム実務やオペレーションにおける特定の変化に関する事項が強調される．評価結果は利害関係者がプログラムを理解するために用いられ，評価プロセスはプログラムの開発者や実施者との調和的な関係のもとで進められる．

　総括的評価と形成的評価ではその利用目的がそれぞれ異なる．すなわち，総括的評価はアカウンタビリティの確保を目的として実施され，形成的評価は政策の改善を目的として実施される［Stufflebeam and Coryn 2014：21-22］．プログラムのライフサイクルの初期に近いほど形成的評価の比重が高く，終期に近いほど総括的評価の比重が高いため，両者は補完的な関係にあると解することができる［Stufflebeam and Coryn 2014：24］．他方で，改善とアカウンタビリティはそれぞれトレードオフの関係にあるために両者を同時に追求することはできないとの指摘もなされている［Lonsdale and Bemelmans-Videc 2007］．

　アカウンタビリティを目的とした評価は，否定的な作用によって特徴づけられる［Perrin 2007］．統制やコンプライアンスに焦点をあてた評価活動は，ともすればプログラムの成否を判断するための粗探しとなり，評価対象者が身構えることで彼らからの協力を得ることも困難になる．評価を行うことがプログラムをイノベーションすることへの誘因を阻害したり，たんなる現状の正当化に終始したりする可能性がある．評価結果によって罰せられるのであれば，評価対象者は虚偽の回答を行ったり意図的な指標を設定したりする誘因となる．評価結果がプログラムの終了をもたらす可能性があれば，プログラム自体を生活

表6-2　改善／アカウンタビリティを目的とした評価の特徴

学習／改善のための評価の特徴	アカウンタビリティのための評価の特徴
• 問題と制約を認めることに寛大，「失敗」から何を学ぶことができるか	• 統制／コンプライアンスに焦点 • 当事者は敵対関係にある • 粗探し
• 改善のための代替的なアプローチやアイデアの探索	• 身構える • 正当化と承認 • イノベーションの阻害要因となりうる • プログラム終了を含む主要な変化の刺激として役立つ
• 「何か」と同様に「なぜ」「どのように」を突き止める	• 規則，基準，既定目標の遵守の強調 • 誤りや失敗に罰を与える
• 他の環境や状況にとってもアイデアや学習を生み出しうる	• 虚偽，不正，歪曲への誘因 • 活動への影響はたいてい限定的

出典：Perrin［2007：44］.

　上または職業上の基盤としている評価対象者はそのような事態を回避するよう振る舞うと考えられる．このように，アカウンタビリティの確保を目的に据えることで，プログラムにとって無意味あるいは負の影響をもたらす評価結果が産出される蓋然性が高まるのである（表6-2）.

　それに対して，プログラムの改善を目的とする形成的評価は，プログラムに関与する広範な利害関係者からの協力を得ることが可能である．なぜなら，利害関係者は評価結果によってアカウンタビリティを追及される恐れを抱く必要がなく，むしろ評価結果を自らが利用することによってプログラムを改善させる誘因を有するからである．評価を実施する側にとっては，多様な利害関係者を評価プロセスに組み込むことで，プログラムの改善に有用な情報を入手できる可能性を高めることができる．

　したがって，参加型評価においては，プログラムにおける利害関係者をはじめに特定することが重要となる（図6-1）．具体的には，① 政策作成者と意思決定者，② プログラムスポンサー（プログラムの資金提供者），③ 評価スポンサー（評価の資金提供者），④ ターゲットになる参加者，⑤ プログラム運営者（運

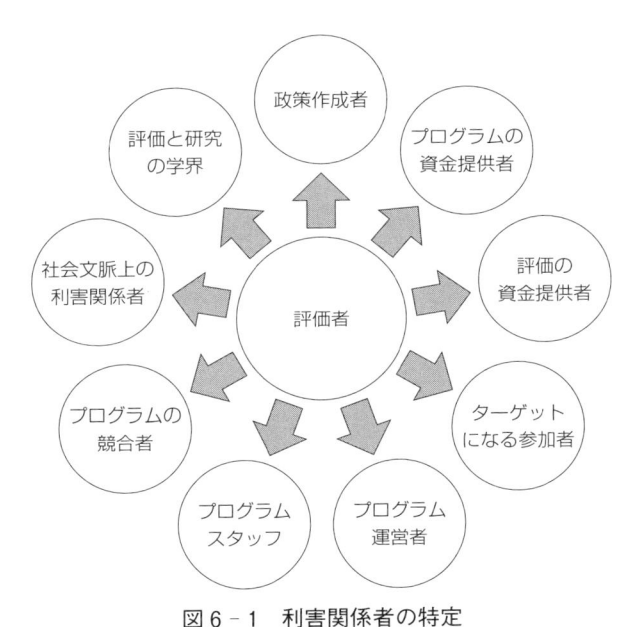

図6-1 利害関係者の特定

出典：Rossi, Lipsey and Freeman ［2004：48-49］もとに筆者作成.

営および監督の責任者），⑥プログラムスタッフ（サービスの提供や支援），⑦プログラムの競合者，⑧社会文脈上の利害関係者（他の機関や公務員，市民団体など），⑨評価と研究の学界（評価専門家やプログラムに関する研究者）が挙げられる［Rossi, Lipsey and Freeman 2004：48-49］．利害関係者間で評価プロセスにおける権限をどのように分配するか，どの利害関係者にとって有用な評価結果を産出するか，評価プロセスに評価専門家がどの程度関与するかといった点について事前に検討することが求められており，それらは評価結果の質を左右するのである．

　参加型評価が広範な利害関係者を評価プロセスに関与させることについて，評価がもつ権力構造からその必要性を考察することは重要である．すなわち「評価は，時間や空間から離れて単純なロジックや方法論として単独で存立することはなく，価値や利害からまったく自由ではない．むしろ，評価実務は特

定の社会的制度的な構造と実務の中に厳格に組み込まれている」[House and Howe 2000：3] のである．評価が権力と結びつくことで，特定の価値を重視した評価結果が出る恐れがある．つまり，使えないあるいは現状維持といった評価結果を産出することで，評価を特定の価値の保存に利用できるのである．

　こうした背景から，評価に対する実用的および社会変革的な要請がなされるようになり，評価者の役割はこれまで以上に多様となり，さまざまな評価手法が提唱されるようになった．これらの評価手法は利害関係者を評価プロセスに関与させる点で共通していることから，「参加型評価」として概念上整理されることになったのである．

＋ ２．参加型評価の類型と評価者の役割

　参加型評価として定義される評価手法には，多くの種類が存在する．たとえば，利害関係者主導型評価 [Mark and Shotland 1985]，学校主導型評価 [Nevo 1995]，民主主義評価 [MacDonald 1976]，発展的評価 [Patton 1994]，エンパワーメント評価 [Fetterman 1994]，参加型アクションリサーチ [Whyte 1991] などは，その出自や利用する場面が異なるものの，いずれも参加型評価の手法として認識されている．

　参加型評価の特徴と多様性を理解する上で有用なのが，評価プロセスの統制，利害関係者の選定，参加の度合いという３つの次元によって参加型評価の手法を区別することである [Cousins and Whitmore 1998：11]．評価プロセスの統制では，評価者が主導するのか，あるいは参加者が主導するのかという軸が設定される．利害関係者の選定では，主要なユーザーを選定するのか，あるいはすべての代表集団を選定するのかという軸が設定される．参加の度合いでは，参加者はたんなる意見の表明にとどまるのか，あるいは評価プロセスに深く関与するのかという軸が設定される．評価者には，選択した参加型評価の手法がそれぞれの軸のいずれに位置づけられるのかに応じて，評価プロセスを管理するこ

表6‐3　実用的／変革的参加型評価の比較

	P-PE（実用的参加型評価）	T-PE（変革的参加型評価）
歴史的なルーツ	カナダとアメリカ：適切さや結果の利用，オーナーシップを高めることに焦点をあてた実用的な評価実務	多くの発展途上国（インド，ラテンアメリカ，アフリカ）——コミュニティと国際開発，参加型調査
目　的	評価の利用，プログラムと組織の意思決定，問題解決，組織の学習と変化	エンパワーメント，解放，社会的・政治的変化
利害関係者の包摂	評価の過程と結果の主要なユーザー：プログラム管理者やスタッフ，資金提供者などのプログラム意思決定に関与する利害関係者	プログラム便益者と主要なユーザーを含む多様なステークホルダー
認識論	相互的な共時構成／構成主義者	相互的な共時構成／構成主義者
評価者の役割	主要なファシリテーター，技術的専門家，トレーナー，探求者	共同のファシリテーター，エンパワーメントの源泉，教育者，共同の探求者，文化の仲介人，批評家
関係するアプローチ	発展的評価，利害関係者主導型評価，実用重視評価，学校主導型評価	民主主義評価，第4世代評価，熟議民主主義評価，参加型アクションリサーチ

出典：Chouinard and Cousins ［2014：107］.

とが求められる．

　参加型評価の手法は，表6‐3に示すように，実用的参加型評価（practical participatory evaluation）と変革的参加型評価（transformative participatory evaluation）の2つの原理によって整理することができる［Cousins and Whitmore 1998］．両者は歴史的な出自や評価の目的が異なるが，参加型評価の手法の多くは両者のいずれかに分類することができる．

　実用的参加型評価の歴史的出自はカナダとアメリカにある．政府が行う社会政策プログラムの評価が科学的厳密性を重視することで実用性を失わせていることへの批判や，学校教育の現場における評価のあり方に関する問題提起がその背景となっている．実用的参加型評価の目的は，プログラムに関与する主要な利害関係者にとって有用な評価結果を産出することにある．そこではプログラムや組織の改善あるいは問題の解決に重点が置かれる．評価プロセスでは，

プログラム管理者やスタッフあるいは資金提供者のようにプログラムに関与する利害関係者を包摂して進められ，評価者は主要なファシリテーターとして振る舞う．

　他方，変革的参加型評価の歴史的出自は発展途上国にある．コミュニティの自立的発展や国際開発を目的とした参加型の調査手法がその背景となっている．変革的参加型評価の目的は，社会的弱者に位置づけられるプログラム便益者に対して，評価プロセスを通じてエンパワーメントや解放あるいは社会的政治的変化をもたらすことにある．社会的弱者が評価プロセスに主体的かつ主導的に関与することで，自らの能力構築や彼らが抱える問題とその対処法の理解につながるのである．評価者は共同のファシリテーターとして，利害関係者が主導する評価プロセスを補完するにとどまる．

　実用的参加型評価の代表例は，パットンが提唱した実用重視評価である［Patton 1997］．実用重視評価は，想定利用者を評価活動に巻き込むことで評価結果が最大限に活用されることを目的としている．実用重視評価が登場した背景には，1970年代のアメリカにおける評価をめぐる危機がある［平井 2001：132］．当時のアメリカでは，評価が意図せざる形で利用されることへの批判や評価の必要性に対する疑念など，評価が政策判断に活用されないことへの問題意識が存在していた．パットンはこうした危機の背景に，評価が権力の保存に荷担する恐れがあることを指摘している．つまり，評価が実際に利用されるのではなく，政府プログラムの正当性を主張するための手段として用いられるのである．

　評価と権力が結びつくことに対する反応のひとつとして現れたのが，評価における不均衡関係の告発である．プログラムに関与する利害関係者のあいだには「出資者と事業者との関係，あるいは事業を担う組織における上下関係，そして事業の実施者と対象者との関係といった，いくつかの不均衡な関係」［平井 2001：132］を見いだすことができる．評価を通じてこれらの不均衡な関係が強化される恐れがある．

　もうひとつの反応として現れたのが，純粋な科学としての評価を志向することである．科学的手法に基づいて評価を実施することで客観性や厳密性を担保し，評価結果が恣意的に用いられる事態を回避することができる．評価における不均衡関係の告発を避けることで，評価は引き続き利用されることになる．

　しかし，いずれの立場も評価の利用を阻害する原因となる恐れがある．評価における不均衡関係を告発する立場に立てば，そのような告発を恐れたプログラム作成者が萎縮し，評価が積極的になされない恐れが生じる．他方で，純粋な科学としての評価を志向する立場に立てば，評価結果の科学的厳密性を追求するあまり，利用者にとっては使えない評価結果が提供される懸念が生じる．

　パットンは，評価結果の「実用性」に着目することで，両者の立場が抱える問題を克服することを提唱する．つまり，評価における権力関係をいったん認めた上で，評価が権力の保存に荷担する事態を回避するために，多様な利害関係者にとって実用的な評価結果の産出に努めるのである．評価結果が実際に利用されることで，政府プログラムの正当化に終始した自己目的化された評価に陥る事態を回避することができる．

　変革的参加型評価の代表例は，フェッターマンが提唱したエンパワーメント評価である［Fetterman 1994］．エンパワーメント評価は，「改善と自己決定を促進する目的で評価概念，技術そして諸知見を実用化すること」［Fetterman and Wandersman eds. 2005：10；邦訳 14］として定義される．エンパワーメントは「女性，有色人種，マイノリティなど，歴史的・構造的に劣位に置かれてきた社会的カテゴリーに属する人々が，劣位に置かれたがゆえに開発発揮を阻まれてきた個人の力を回復し（power-to），連帯・協働して（power-within），自分たちを抑圧してきた社会構造を変革していく（power-with）過程」［内藤 2012：45-46］を意味し，男女共同参画やソーシャルワーク，コミュニティ活動，国際開発の分野で発展してきた概念である．エンパワーメント評価では，プログラム便益者をはじめとする利害関係者が評価プロセスを通じて能力を獲得することに主眼が置かれる．利害関係者が評価プロセスを主導することから，評価専門家の

表6‑4　参加型評価における評価専門家と利害関係者の関係

	評価作業の権限	評価の判断を行う主体
利害関係者評価	評価専門家＞利害関係者	どちらかというと評価専門家
協働型評価	評価専門家＝利害関係者	協働作業
実用重視評価	評価専門家＝利害関係者	協働作業
エンパワーメント評価	評価専門家＜利害関係者	利害関係者
従来型評価	評価専門家（利害関係者は情報源）	評価専門家

出典：源［2008：99］.

役割は補完的である.

　エンパワーメント評価がほかの参加型評価と区別されるのは，次の10の原則によって特徴づけられているからである. すなわち，① 改善，② コミュニティ・オーナーシップ，③ 包括性，④ 民主的参加，⑤ 社会正義，⑥ コミュニティの知見，⑦ エビデンスに基づいた戦略，⑧ キャパシティ構築，⑨ 組織の学び，⑩ アカウンタビリティである［Fetterman and Wandersman eds. 2005］. 評価に際しては，各原則について評価専門家，コミュニティ，資金提供者のそれぞれが評価プロセスにおいて自らの役割を果たしたどうか「コミットメントのレベル」を査定することで，エンパワーメント評価の質を判断することができるのである［Fetterman and Wandersman eds. 2005］.

　エンパワーメント評価では，評価専門家の役割は「利害関係者が自己決定能力を強化するプロセスを側面から支援すること」［源 2008：101］である. 評価専門家には，利害関係者が評価に関する技術やプログラムの背景知識を教育し，評価プロセスが円滑に進行するように助言や批判を行い，意見集約や合意形成を促すことが求められる. ただし，評価の判断を下すのはあくまで利害関係者であり，評価専門家の役割は上記のような技術的支援にとどまるのである［源 2008：101］.

　参加型評価における評価専門家と利害関係者の関係について整理したのが表6‑4である. この表では，参加型評価の手法に応じて，評価プロセスにおけ

る評価専門家の役割がさまざまであることが示されている．つまり，従来型の
プログラム評価では評価専門家が評価作業の権限を有しており，利害関係者は
情報源としてデータを提供するにすぎない．評価の判断も評価専門家が行うた
め，利害関係者がオーナーシップを涵養することはない．他方で，参加型評価
の手法である利害関係者評価になると，評価専門家が評価プロセスを主導する
ものの，利害関係者が評価プロセスに組み込まれることになる．協働型評価や
実用重視評価では評価専門家と利害関係者との権限が対等となり，評価プロセ
スは協働作業として進められる．エンパワーメント評価では利害関係者が評価
プロセスを主導する立場となり，評価専門家の役割は補完的となる．このよう
に，利害関係者の評価への参加の度合いによって，評価者に求められる役割は
異なるのである．

　評価プロセスにおけるステークホルダーの参加の程度によって評価の目的や
評価専門家の役割が異なることについては，市民参加論からの示唆がある．ア
ーンスタインは政策過程に市民が参加する程度に応じて市民参加を8つの段階
に分けており，これを「市民参加のはしごの8段階」として図に表している．
8段階とはすなわち，① 操作 (manipulation)，② 治療 (therapy)，③ 情報提供
(informing)，④ 相談 (consultation) ⑤ 宥和 (placation)，⑥ パートナーシップ
(partnership)，⑦ 権限委譲 (delegated power)，⑧ 自主管理 (citizen control) であ
る [Arnstein 1969：217]．①②については非参加として類型化されており，③
④⑤についても形式的な段階にすぎず市民の影響力は限定的であるが，⑥⑦
⑧では市民に対して権力が委譲されている段階として意思決定において市民が
優越している [篠原 1977：115-17：2004]．参加型評価ではステークホルダーが
多くの権限を有することで主体的な判断を行えるようになるが，このことは
「市民参加のはしごの8段階」が示す市民への権力委譲と市民参加の主体性と
の関係がすでに示してきたことであるといえる．

十 3．参加型評価の実際

　国外では参加型評価に関する研究成果と実践例が蓄積されているが，日本では参加型評価が普及しているとは言いがたい．なぜなら，評価専門家の数が少なく，参加型評価の担い手が不在の状況にあるからである．評価専門家の育成が急務であるが，いくつかの分野では参加型評価がこれから普及する余地を確認することができる．

　参加型評価は，これまでにさまざまな社会プログラムのほか，政府開発援助（ODA），青少年育成（youth development），コミュニティ開発，ソーシャルワークなどの人を対象とするサービスの分野で用いられてきた．そこでは，総括的評価が求めるアカウンタビリティの追及よりはむしろ，形成的評価が求める利害関係者の学習や価値調整あるいはプログラムの改善に重点が置かれてきた．また，近年では大学教育においてアクティブラーニング（能動的学習）や PBL（課題解決型学習）といった新たな教育手法が導入されている．これらは座学を中心とした従来型の教育方法からの転換を意図しており，参加型評価導入の可能性について示唆がある．

（1）地域社会における公共サービス

　第 1 に挙げられるのが，地域社会における公共サービスの場面である．従来からプログラム評価が行われてきた教育，保健医療，福祉といった人的社会的サービスの分野では，施設職員や施設利用者といった利害関係者によって参加型評価を行うことができると考えられる．

　たとえば，男女共同参画政策の分野では，地方自治体や女性センターにおいて評価が導入されている．背景にあるのが，地方自治における指定管理者制度の導入である．指定管理者制度は，地域公共サービスの担い手を多様化することを目的として，2003年の地方自治法改正によって導入された制度である．指

定管理者制度では，あらゆる種類の公共サービスが行政の外部に委託されることになる．指定管理者制度の対象となる施設の中には，テニスコートや駐車場のように管理運営が比較的容易と考えられるものから，病院や福祉・保健センターのように専門性を求められるものまで，多様な施設が含まれている．専門的業務の外部化が進むことで，評価への需要が促されたと考えられる．

　男女共同参画センターでは，エンパワーメント評価の知見を生かして，女性の能力構築やキャリア開発を目的とした評価を行うことが考えられる．男女共同参画センターが開講する講座を通じた施設利用者の能力構築や，施設運営に携わる女性職員のキャリア開発といった場面で，参加型評価を活用することができる．他にも，コミュニティ施設や社会福祉施設など，人的社会的サービスの分野では参加型評価を導入することによりサービスの向上が期待できるだろう［藤島 2014］．

（2）国 際 協 力

　第 2 に挙げられるのが，YPE（youth participatory evaluation）と呼ばれる青少年による参加型評価の場面である．YPE とは，青少年が直面する課題の認識や課題解決のための手法として青少年育成コミュニティや NGO を中心に取り組まれている評価のことである．YPE が登場したのは，参加型評価やアクションリサーチに対する実用性が認識されていったのと並行して，青少年育成（youth development or positive youth development）の分野において青少年の位置づけが変化したことが背景にある．青少年を問題を抱えた存在として見なす考え方から，問題解決の一部を担う存在として理解する考え方へシフトしたことで，青少年を意思決定に関与させることへの国際的な関心が高まったからである［Sabo 2003］．こうした流れの中で，参加型評価と青少年育成の分野が合流することで生まれたのが YPE の手法である．

　YPE はさまざまな青少年育成コミュニティで行われている．たとえば，カナダで行われている 'Town Youth Participation Strategies' は，青少年育成コ

ミュニティが定期的に開催するカンファレンスでYPEの手法を用いている．このカンファレンスでは，青少年がワークショップでの議論を通じて彼らが直面しうる課題（アルコール依存，危険な性交，薬物，犯罪など）について検討を行っている［Voakes 2003］．

　また，ネパールの子どもクラブでYPEが用いられている例もある．この子どもクラブでは，たとえば「ソーシャル・マッピング」と呼ばれる模造紙上に地図を作成する手法を用いることで自らが所属する地域社会への理解を深めたり，子どもたちが日々の生活に対して感じる恩恵について簡単なマトリックスを用いて場面ごとの比較を行ったりしている［Hart and Rajbhandary 2003］．模造紙やペン，カード，シールなどの比較的簡易な方法を用いることで子どもたちの参加を促し，彼らやコミュニティを取り巻く環境の探求を通じて，課題の発見や高い教育効果を期待することができる．このように，YPEは青少年育成コミュニティにおける参加型評価の手法として実践されているのである．

（3）大 学 教 育
　第3に挙げられるのが，地方国公立大学による地域貢献の場面である．現在，大学で行われているアクティブラーニングやPBLは評価活動として実践されてはいないものの，参加型評価の手法と親和的であると考えられる．アクティブラーニングやPBLでは参加型評価と同じくおもに定性的手法が用いられ，さまざまなステークホルダーの参加を通じてプログラムを改善することが求められている．大学教育において参加型評価の手法を用いることで，課題の認識，現状の分析，知識の創発，価値の調整といった教育実践を体系的に行うことができる．

　実用的参加型評価と変革的参加型評価の類型は，参加型評価による大学教育を考える上で有益である．たとえば，大学教育の一環としてある地域のごみ問題を取り上げたワークショップを実施する場合，最終的に求められるのはごみ問題を解決するための実用的なプログラムの策定となると考えられる．他方，

ある地域の教育格差問題を対象にアクションリサーチを実施する場合，最終的に求められるのは教育が十分に行き届いていない人たちの知識獲得，政治への反映，社会環境の変化となるだろう．

　参加型評価では，多様なステークホルダーが参加することで，利害衝突や価値対立といった場面がなかば必然的に生じる．ファシリテーターにはステークホルダーの多様な意見を調整することが求められるが，他方でステークホルダー自身も他者の意見を踏まえた上で理にかなう主張を行うことが求められる．大学における教育活動の一環として参加型評価を行う場合，大学の教員と学生がファシリテーターを担い，地域住民はステークホルダーとして評価プロセスに参加する形態が考えられる．ファシリテーターには，評価プロセスを主導するためのコミュニケーション能力や，課題に関する背景知識が求められるだろう．大学と教員に求められる教育のあり方や，学生が習得すべき知識のあり方について，文部科学省はどのように考えてきたのであろうか．

　2012年の中央教育審議会答申「新たな未来を築くための大学教育の質的転換に向けて——生涯学び続け，主体的に考える力を育成する大学へ」（平成24年8月28日中央教育審議会答申）では，「学士課程教育の質的転換」として次のように言及されている．そこでは「従来のような知識の伝達・注入を中心とした授業から（中略）学生が主体的に問題を発見し解を見いだしていく能動的学修（アクティブ・ラーニング）への転換が必要である．（中略）ディスカッションやディベートといった双方向の講義，演習，実験，実習や実技等を中心とした授業への転換によって，学生の主体的な学修を促す質の高い学士課程教育を進めることが求められる」と記述されている．それ以前も，文部科学省は中央教育審議会や大学審議会による答申を通じて大学教育の転換を促してきた．

　文部科学省は，答申の内容を実現するために，政策誘導の手段として競争的な財政支援を積極的に推進してきた．「我が国の高等教育の将来像」（平成17年1月28日中央教育審議会答申）では，大学に対する競争的な財政支援の導入を提言している．そこでは「基盤的経費助成と競争的資源配分を有効に組み合わせる

ことにより，多元的できめ細やかなファンディング・システムが構築されることが必要」であり，そのためには「国公私それぞれの特色ある発展と緩やかな役割分担，質の高い教育・研究に向けた適正な競争が目指されるべき」だと言及している．競争を通じて優れた取り組みに対する重点的な資金配分を行うことで，大学教育改革への積極的な取り組みを促すことができると考えられた．

　この答申が念頭に置いていたのは，文部科学省が2002年から公募していた「21世紀 COE プログラム」と「特色ある大学教育支援プログラム（特色 GP）」の２つの大学教育改革支援プログラムである．これらは大学機関に対する競争的資金配分事業の先駆けであり，これ以降多岐にわたる大学教育改革支援プログラムが展開されるようになる．特色 GP では体験型学習や初年次教育の取り組みに関する申請が多く，「初年次教育の手法としてアクティブ・ラーニングが積極的に取り入れられるようになってきている」[山田 2011：135]．大学機関への競争的資金配分による財政支援が，各大学における特色ある優れた取り組みとしてアクティブラーニングの普及を後押ししたのである．

　また，文部科学省は「第３期中期目標期間における国立大学法人運営費交付金の在り方に関する検討会」を設置し，平成27年６月15日に「第３期中期目標期間における国立大学法人運営費交付金の在り方について（審議まとめ）」を公表している1)．その中では，国立大学に配分される運営費交付金の配分方法について検討がなされており，国立大学の機能強化の観点から次の３つの枠組みに応じて優れた取り組みに対する重点支援を行うことを提言している．すなわち，① 地域に貢献する取り組み，② 特定の分野に関する教育研究を行う取り組み，③ 世界で卓越した教育研究を推進する取り組みである．このうち，地域に貢献する取り組みを行う国立大学については，地域の利害関係者との協働による教育研究が想定されることから，参加型評価の活用を通じて地域課題の発見解決や市民教育に貢献することができると考えられる．

　各枠組みの中ではそれぞれ測定可能な指標を設定することで成果の検証を行えるようになっている．たとえば，地域に貢献する取り組みでは，人材育成に

関する取り組みの指標例として「地域教育（初等中等教育，職業教育，生涯学習等）への貢献状況」や「（地域の）企業・自治体等へのインターンシップの実施状況」，地域活性化に関する取り組みの指標例として「（地域の）企業・自治体等との連携を促進させるための組織的な取組状況」，地域の政策課題の解決に関する取り組みの指標例として「地域との対話の場の設定や協定等による取組の実施状況」などが挙げられている．これらの指標で定められた目標を達成するために，地域に貢献する取り組みの枠組みを選択した国立大学では，今後は教育研究の場面において地域社会との接点が増えることが予想される．

　実際，国立大学では「地域」を冠した学部の新設が相次いでおり，それぞれの大学において地域の特色あるテーマを掲げている［朝日新聞 2015年10月4日付］．また，地方にある私立大学の公立大学への転換も相次いでおり，大学による地域社会への貢献が今後も重視されると考えられる．

　大学における既存の取り組みとして，地域課題の発見解決や地域活性化を目的とした PBL（課題解決型学習）の取り組みや，市民教育や地域との対話を目的としたワークショップの開催などの取り組みにより，地域社会における利害関係者との接点が生まれている．参加型評価の手法を活用することで，地域貢献により効果的な教育プログラムを提供することが可能になると考えられる．また，市民教育の観点では，高校での主権者教育の取り組みも参考になる．総務省と文部科学省が作成した主権者教育の副教材『私たちが拓く日本の未来』では，ディベート，パネルディスカッション，ワールドカフェ，ブレインストーミングなどの方法が示されている．[2] この教材ではほかにも，ブレインストーミング（発想法），KJ法（整理法），特性要因図法（問題の主だった原因との関係を魚の骨のような図解にして分析する方法），ダイヤモンド・ランキング（複数の結論を順位づけてダイヤモンド型に並べて分析する方法）などの思考ツールが示されており，政治教育において参加型評価を実践する際の手がかりになると考えられる．また，高校で行われる主権者教育に大学生が携わることも謳われており，大学教育の一環として取り組まれることが期待される．

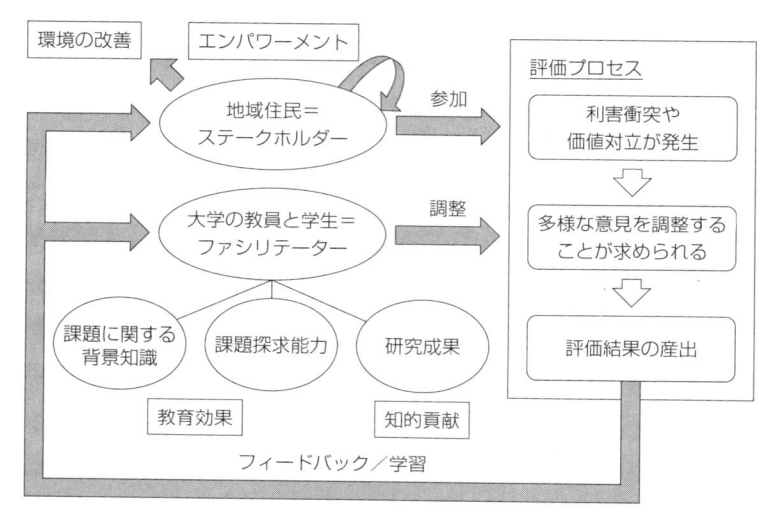

図6‑2　大学教育における参加型評価のプロセスと予想される効果

出典：筆者作成.

　大学教育において参加型評価を行うことで，つぎの４つの効果が期待される（図6‑2）．第１が地域社会の改善であり，評価プロセスや評価結果を通じて地域課題を解決していくことにつながる．第２が地域住民のエンパワーメントであり，評価を通じて住民自らが課題解決のための力を獲得していくことにつながる．第３が学生への教育効果であり，体系的な評価プロセスを通じて課題の認識，現状の分析，知識の創発，価値の調整等の教育実践が可能となる．第４が研究者・専門家への知的貢献であり，教員による学術調査の一環として参加型評価を行うことで研究成果に結実することが期待される．

　このように，大学教育改革に伴う競争的な財政支援の導入は，大学の地域貢献を促し，アクティブラーニングや PBL が取り組まれる契機となった．ただし，競争的な財政支援とともに実施される文部科学省からの評価は，補助金交付の判断，財政支援プログラムの進行管理，情報公開とアカウンタビリティなどのために行われる総括的評価である．現場レベルでのプログラム改善やステークホルダーとの協働のためには，形成的評価に分類される参加型評価を実施

することが求められる．総括的評価では定量的手法や業績測定などの手法が多用される傾向にあるが，形成的評価では定性的手法が多用される．文部科学省は，補助金を適正に執行するためのアカウンタビリティを総括的評価を通じて求めるとともに，教育活動の現場でプログラム改善のために行われる形成的評価すなわち参加型評価の取り組みを尊重することが求められるだろう．

（4）参加型評価の手法とパラダイム

参加型評価では定性的手法が多用される．とくに，社会調査で用いられる質的調査の手法は，参加型評価を進める上での構成要素となると考えられる．

たとえば，事例研究（特定の状況や出来事について詳細に記述することで発見や理解を促す方法）やインタビュー調査（調査対象者から対面でデータを収集する方法）は，問題の背景や現状を理解する上で重要な手法となる．ただし，これらの手法は学術調査の色彩が強く，ステークホルダーは協働関係よりはむしろ調査対象として認識される．

ワークショップ（特定の課題について，参加者が集い意見交換や共同作業を行う手法）は，比較的簡便な方法として多くの地方自治体や大学などで実施されている．多数のステークホルダーが参加でき，参加者同士のコミュニケーションや学習を促すことができる．ワークショップでは学生がファシリテーターを務めたり，付箋紙と模造紙を用いて思いついたことを書き出していく方法が用いられたりする．

現実的な成果を求める質的調査の手法としては，アクションリサーチ（問題解決に向けて対象集団との共同作業で行う調査）や参加型調査（調査者と調査参加者が知識の獲得と問題解決に向けて協力して行う調査）がある．これらはいずれも変革的参加型評価に該当し，学術調査として問題を明らかにするよりもむしろ，学術調査を通じた活動として問題を解決することを志向する．

学術調査と実践活動のいずれの立場をとるかは，その調査研究が基盤とする哲学的な世界観に依拠することになる［Creswell 2014］．すなわち，ポスト実証

主義，構成主義，アドボカシーと参加，プラグマティズムのうち，研究者がいずれの世界観に依拠するのかによって，研究の目的や選択される手法も異なるのである．参加型評価は構成主義，アドボカシーと参加，プラグマティズムの３つの領域で構成されており，いずれの世界観に依拠するかによって重視する価値が異なる［藤島 2014：92］．たとえば，社会調査で用いられるインタビュー調査は構成主義に該当し，当事者への接近や対話を重視する．アクションリサーチはアドボカシーと参加に該当し，当事者のエンパワーメントや政治的社会的変革を重視する．研究や教育の場面で参加型評価を行う場合には，これらのパラダイムの違いを認識しながら，評価手法の選択や評価の目的について検討する必要があるだろう．

＋ お わ り に

　本章では，参加型評価の特徴と意義について，従来型のプログラム評価との比較から検討を行った．両者の特徴の違いは形成的評価と総括的評価の対比によって整理される．従来型のプログラム評価はさまざまな問題を抱えており，「民主主義への応答の困難」「アカウンタビリティの確保に伴う否定的作用」「特定の価値の保存」「科学的厳密性の追求による非実用的な評価結果の産出」といったこれらの問題を克服するために新たに考案されたのが参加型評価であった．参加型評価にはさまざまな手法が存在するが，それらは実用的参加型評価と変革的参加型評価の２つの原理によって整理でき，参加型評価の代表的な手法である実用重視評価とエンパワーメント評価からそれぞれの原理の特徴を説明することができた．また，参加型評価の手法によって評価プロセスにおける利害関係者の関与の度合いが異なり，評価専門家が演じる役割もそれに応じて異なることが示された．

　本章の最後では，参加型評価が利用されうる具体的な場面として，地域公共サービスの提供，YPE，地方国公立大学による地域貢献について検討を行っ

た．日本では参加型評価の実践例が少なく，今回検討を行った場面以外にもさまざまな分野で参加型評価が普及する余地がある．また，参加型評価が普及することで，多様な利害関係者の意見が意思決定に反映され，評価プロセスを通じて利害関係者自身にも変化をもたらすことができる．このように，参加型評価では利害関係者が評価プロセスに双方向的に関与するため，従来型のプログラム評価では必ずしも十分ではなかった民主主義の要請に応えることができるのである．

　今後の課題として，参加型評価の担い手を育成することが求められる．また，参加型評価では評価スキルを有していない利害関係者が評価プロセスに関与することになるので，標準的なテキストの作成を通じて，評価スキル獲得の支援や評価プロセスの実効性の確保を行うことが必要である．今後はさまざまな場面で参加型評価の実践例を蓄積することで，参加型評価の体系化と優良事例の提供を進めていくことが求められる．

注
1 ）　第 3 期中期目標期間における国立大学法人運営費交付金の在り方に関する検討会［2015］「第 3 期中期目標期間における国立大学法人運営費交付金の在り方について——審議まとめ」（http://www.mext.go.jp/component/b_menu/shingi/toushin/__icsFiles/afieldfile/2015/06/23/1358943_1.pdf, 2016年 6 月 2 日閲覧）.
2 ）　総務省・文部科学省［2015］「私たちが拓く日本の未来——有権者として求められる力を身に付けるために」（http://www.soumu.go.jp/main_content/000378558.pdf, 2016年 6 月 2 日閲覧）.

終　章 ┃ 評価の展望と課題

＋ 1．何を明らかにしたのか

　本書では，公共部門における評価実務について，評価を通じた統制と管理の問題点を論じてきた．終章では，本書が提示してきた二項的な概念分類を手がかりに，これまでの議論から得られた知見を要約する．

　第1章では，内部統制の一環として評価が用いられることで管理評価の側面が強調されることを明らかにした．管理評価は一種のルーティン作業として特徴づけられることになるが，これは評価実務が行政の管理活動として制度化することの避けられない帰結であったといえる．また，管理評価の多元化と重層化が進むことで評価に要する作業量はますます増大し，評価の制度化とそれに伴うルーティン化はいっそう深刻になると考えられる．他方で，評価がルーティン作業として行われることで，改善学習のためのアイデアやイノベーションを創出する機会は失われることになるだろう．第1章では，管理評価による過剰な介入を回避するために，現場の担当者がプログラムの形成段階や実施段階で評価を主導することでプログラム改善を行うことを提唱した．

　第2章では，評価実務において監査の考え方が反映されていることを明らかにした．監査は，内部統制に依拠した監査手続きを採用することで，監査の対象を財務書類から政府プログラムにまで拡大させた．このアプローチは，監査者側の外部統制コストを低減させる一方で，被監査者側の内部統制コストを増

大させる結果となった．この構図は，第1章で論じた自己評価とメタ評価の関係と同じであり，実務における監査と評価の混同をもたらしたと考えられる．そして，管理評価をルーティン作業として行うことは，この内部統制コストを低下させる行動であったといえる．

　第3章では，男女共同参画政策の評価を事例に，これらの管理評価が主流化している状況を明らかにした．地方自治体における男女共同参画政策は，地方自治体の担当部局と拠点施設との関係という政府内分権の一例である．評価は業績測定の方式が用いられており，男女共同参画計画の進行管理として行われる点で管理評価の特徴と符合する．地方自治体の担当部局と拠点施設とのあいだで行われる評価は，拠点施設による自己評価と，その結果を踏まえて地方自治体の担当部局が行うメタ評価によって行われている．また，拠点施設に対しては地方自治体の担当部局以外の部局からもさまざまな統制活動が行われており，拠点施設は総務系部局からの多元的な管理評価に服しているのである．

　第4章では，沖縄振興予算の評価を事例に，中央政府と地方自治体とのあいだで行われる管理評価の実態を明らかにした．中央地方関係で評価が制度化される例は少なく，本論はその点で貴重な知見を提供している．また，評価は業績測定の方式が用いられており，沖縄振興計画の進行管理として行われる点で管理評価の特徴と符合する．評価の構図としては，沖縄県および市町村が業績測定方式に基づく自己評価を行い，その結果を踏まえて中央政府がメタ評価を行っている．さらに，これらの評価結果は内閣府が行う政策評価と行政事業レビューそして沖縄振興審議会の基礎資料として活用されていた．このことは，政策決定のために評価結果を用いるというプログラム評価本来のあり方を示しているとみることができる反面，評価される側に対する権力的作用としてみることもできる．

　第5章では，定量的手法と定性的手法がそれぞれ有する特徴を対比的に整理し，両者の統合可能性について明らかにした．定性的手法の側から加えられた定量的手法への批判は，日本の公共部門における管理評価への懸念と重なる部

分がある．日本の政策評価制度は法律の中で定量的手法の重視を謳っており，実務の中で客観性が強調される要因となっている．このことは，日本の評価実務において定量的パラダイムが優勢となっていることを表しているといえるだろう（ただし，実際に取り組まれているのは社会科学的手法を用いるプログラム評価ではなく，業績測定による管理評価が主流である）．なお，第６章と関連するが，定量的手法は総括的評価，すなわちアカウンタビリティの追及を目的とした評価と親和性があった．また，定性的手法は形成的評価，すなわち当事者の学習やプログラム改善を目的とした評価と親和性があった．

第６章では，参加型評価の特徴を総括的評価と形成的評価との対比から整理し，実際にいくつかの分野で適用できる可能性があることを明らかにした．本章で論じてきた管理評価は総括的評価の特徴と符合しており，アカウンタビリティを目的とすることによる否定的な作用が指摘される点でも共通する．それに対して，参加型評価は第５章でも言及したように定性的手法を背景としている．そのため，参加型評価を普及させることは当事者の学習やプログラム改善を促すことにつながり，管理評価の主流化に対抗するひとつの解となる可能性がある．参加型評価を適用できる可能性がある分野として本章で示した教育，福祉，ODA などは，いずれも従来のプログラム評価が対象としてきた人的社会的サービスの分野であり，これらの分野で参加型評価の実践例を増やしていくことが重要であると考えられる．

2．研究の発展に向けて

以上のように，本書の議論からはいくつかの知見を得ることができた．これらの知見から，本書の意義は以下の３点に集約できると考えられる．

第１に，本書は評価実務の多様性を明らかにした点で意義がある．一般的に，日本では政策評価や行政評価が評価実務の中心を占めるものとして認識されているが，実際にはそれ以外にも多様な実践が行われている．日本語の「評価」

という言葉が持つ多様性もさることながら，評価が射程に含みうる行政活動は統制以外にも分析や調査など広範にわたっている．本書では，日本の管理評価を念頭に，政策評価制度以外の事例を参照することでこの多様性の一端を示すことを試みた．同時に，管理評価による統制活動ではない別の評価のあり方を提示した．

第2に，本書は評価による統制の実態を解明した点で意義がある．政府内の分権化が進むことによって評価による統制への需要が高まることはかねてから指摘されてきた．また，自己評価とメタ評価の議論も，同様のモチーフはNPM の両義性すなわち権限委譲に伴う管理統制と裁量付与の議論として指摘されてきたことである．本書の意義は，男女共同参画政策の評価および沖縄振興予算の評価という2つの事例を参照することで，評価による統制の実態を明らかにした点にある．

第3に，本書は公共部門における新たな評価への展望を示した点で意義がある．一般的に，政策評価は政策過程の最後（あるいは政策終了の手前）に配置されており，政策効果の事後的な検証およびフィードバックという意味で理解されることが多い．本書では，このような評価の考え方を定量的手法あるいは総括的評価として相対化させ，もう一方に定性的手法あるいは形成的評価の考え方を対置させた．本書は，政策形成過程あるいは政策実施過程において定性的手法や形成的評価あるいは参加型評価を用いることができることを明らかにした点で意義がある．

以上で示した本書の意義を踏まえた上で，本書の課題として以下の3点を指摘することができる．

第1に，本書の射程に関する課題である．本書はおもに日本の公共部門における政策評価や行政評価を念頭に置いており，これらの地理的および時代的な要因から，本書の結論がどこまで一般化可能であるかについては課題が残る．

この点については，概念や理論の多くを海外文献に依拠していることからある程度克服できると考えられるが，他国とは統治制度や政治的社会的背景が異なる点を十分に考慮すべきであることについてはなお課題が残る．この点については，他国の事例研究や比較事例研究を通じて，他国においても一般化可能であるかについて検証する必要がある．

　第2に，本書が対象とする評価実務の多様性をめぐる課題である．本書では，管理評価の実態を明らかにするためにいくつかの事例に言及したが，他にも本書では取り上げることのできなかった数多くの事例が存在している．これらの中には，中央府省の政策評価制度や地方自治体の行政評価制度の範囲外にある活動として取り組まれているものも存在しており，今後の研究を通じて全体像が解明される必要がある．

　第3に，本書を取り巻く学術領域の多様性をめぐる課題である．評価研究ないしはプログラム評価は，応用社会科学として心理学，教育学，看護学，公衆衛生学などさまざまな学術領域から取り組まれている学際的な研究領域である．本書において筆者は行政学ないしは公共政策学からのアプローチを試みたが，第5章の定量的手法と定性的手法ならびに第6章の参加型評価に関する部分は社会調査法や教育評価の分野で展開された議論に大きく依拠している．評価研究の学際性を踏まえた上で，筆者の専門領域からどのような研究上の貢献が可能であるか，あるいは他の専門領域からどのような知見を得る必要があるかについて，他の研究者との共同研究の可能性も含めて今後も十分に検討を重ねる必要がある．

あ と が き

　本書は，2016年6月に同志社大学大学院総合政策科学研究科へ提出した博士学位論文「公共部門における評価と統制——政策と管理の変容——」に加筆修正を施したものである．

　本書のテーマである政策評価は，日本では1990年代後半の行政改革会議を機に制度化が進められた．現在，評価は日本の公共部門に広く普及しており，公共政策に携わる中央府省，地方自治体，独立行政法人，民間組織などでさまざまな評価が行われるようになっている．評価が錯綜している現状は，すでに混沌とした様相を呈している．筆者は，大学院での研究を通じて，評価による統制の実態を明らかにしたいと考えてきた．博士学位論文の完成に至るまでには，多くの方々のご指導やご支援に支えられてきた．この場を借りて，とくにお世話になった方々に感謝を申し上げたい．

　山谷清志先生には，私の指導教員として学部と大学院を通じて今日までご指導を賜ってきた．山谷先生に出会うことがなければ，私が研究者として独り立ちすることは決してなかった．厳しくも寛大な心で私を導いてくださった山谷先生に，心より感謝を申し上げたい．山谷先生は政策評価研究の第一人者であり，研究を進めていく上で多くのご指導を賜ったことはもちろん，研究生活のあらゆる場面で常に支えていただいた．山谷先生の学恩に報いるべく，今後も研鑽に努めてまいりたい．

　今川晃先生と真山達志先生の両先生には，博士学位論文審査の副査を務めていただき，多くのご助言を賜った．今川先生からは，地方自治体における指定管理者制度や住民参加について有意義なコメントを頂戴することができた．残念ながら，今川先生は2016年9月に逝去され，ご指導を賜ったのはこの博士学位論文審査が最後となった．真山先生からは，政府間関係と財政に関する有益

なコメントを頂戴することができた．お二人の先生に厚くお礼申し上げたい．

　月村太郎先生と柿本昭人先生の両先生には，修士論文や博士資格論文の審査の副査を務めていただき，大学院での研究を進めるにあたって日々ご指導を賜ってきた．月村先生には，論文作成上のご指導のほか，研究者として身につけるべき倫理や態度についてお教えいただいた．柿本先生には，毎回の演習を通じて研究における基本的作法や問いの立て方について教えていただき，学問に対する原初的な好奇心をいつも満たしていただいた．両先生にご指導を賜ることがなければ，大学院生活を終えることはできなかったであろう．お二人の先生に心から感謝を申し上げたい．

　大学院では，そのほかにも多くの先生にお世話になった．同志社大学政策学部・大学院総合政策科学研究科では，風間規男先生，武藏勝宏先生，中川清先生をはじめ，多くの先生方にご指導やご支援を賜ることができた．とくに，筆者の出身学部である同志社大学政策学部に助手で採用いただいて二年間，岡本由美子先生，川口章先生には研究や教育，そして私生活まで支えていただいた．私にとってこの上ない環境で研究生活を送ることができ，同志社大学政策学部・総合政策科学研究科の先生方，事務職員の方々に心から感謝している．

　神戸大学名誉教授の依田博先生には，久御山町の行政評価外部評価委員会に委員としてご推挙いただき，私が大学で研究してきたことを実践する機会に恵まれた．また，京都文教大学総合社会学部の教育活動に非常勤講師として携わる機会を与えていただき，自らの研究成果を教育に還元することができた．いずれも，研究者としてかけがえのない経験をさせていただいた．依田先生のご高配に心より感謝申し上げたい．

　本書の内容は，研究会や学会での活動を抜きにしては成立し得ない．今村都南雄先生には，日本政治学会の折に，行政学の学説史に関する貴重なお話を伺う幸運に恵まれた．研究協力者として参加した科研「男女共同参画政策の推進に向けた評価に関する調査研究」では，内藤和美先生に全国の地方自治体を対象とするヒアリング調査に同行させていただいたことで，学術研究の進め方に

関する知見を深めることができた．また，日本公共政策学会関西支部と関西公
共政策研究会では，第一級の研究者と実務家による研究報告から多くの刺激を
受けることができた．足立幸男先生，森脇俊雅先生，宮脇昇先生，岡本哲和先
生，佐野亘先生，奥井克美先生，永田尚三先生，南島和久先生，窪田好男先生，
石橋章市朗先生，焦従勉先生，上田昌史先生には，研究会を通じてご指導を賜
った．日本行政学会，日本公共政策学会，日本評価学会，日本政治学会，日本
公益学会，日本協働政策学会では，本書の内容の一部を報告する機会を得た．
これらの研究会や学会の方々に，この場を借りてお礼を申し上げたい．

　2017年4月より私を迎えていただいた神戸学院大学法学部の先生方には，私
が伝統ある大学において教育と研究を行う栄誉に浴することができ，深く感謝
申し上げたい．先生方のご厚情に応えられるよう今後も教育研究に励んでまい
りたい．

　本書は，私にとって市販に供される初めての単著である．元来怠惰で不慣れ
な私に出版の機会を与えていただき，巧みなエディターシップで導いてくださ
った晃洋書房編集部の丸井清泰氏に心よりお礼申し上げたい．また，高校時代
から支えていただいた有限会社ハイテクラボの西川直氏に感謝申し上げたい．
そして，これまで支え続けてくれた妻と家族に感謝を伝えたい．

　　2017年5月

橋　本　圭　多

初 出 一 覧

【第1章　行政における管理評価の主流化】
書き下ろし

【第2章　評価と監査】
「評価実務における監査アプローチの問題」『同志社政策科学研究』第18巻第1号，2016年.

【第3章　男女共同参画政策の評価】
「男女共同参画政策におけるパフォーマンス評価の課題——地方自治体における施設評価と行政評価——」内藤和美・山谷清志編『男女共同参画政策——行政評価と施設評価——』晃洋書房，2015年.

【第4章　沖縄振興予算の評価】
「中央地方関係における評価と統制——内閣府の沖縄政策を事例として——」『評価クォータリー』第40号，2017年.

【第5章　評価研究における定量的手法と定性的手法】
「評価研究における定量／定性手法の統合へのアプローチ」『同志社政策科学研究』第18巻第2号，2017年.

【第6章　参加型評価の可能性】
「参加型評価の理論と実際」『同志社政策科学院生論集』第5巻，2016年.

参 考 文 献

【邦文献】

浅沼茂［2010］「八年研究の日本的受容の諸問題」『東京学芸大学紀要　総合教育科学系』61(1).

朝日新聞［2015］「『地域学部』花盛り　国立大，地元貢献を重視」2015年10月4日付.

東信男［2007］「INTOSAI における政府会計検査基準の体系化——国際的なコンバージェンスの流れの中で——」『会計検査研究』36.

東信男［2010］「国の行政機関への内部統制制度の導入——欧米諸国の現状と我が国への示唆——」『会計検査研究』41.

東信男［2014］「政府会計検査の基礎的概念と原則—— INTOSAI の ISSAI と比較した我が国の会計検査——」『会計検査研究』50.

伊藤大一［1972］「開発計画の局面に現われた組織の同調関係——北海道開発計画の場合——」『年報行政研究』9.

稲継裕昭［2011］『地方自治入門』有斐閣.

岩崎忠［2009］「指定管理者制度と政策評価——神奈川県立都市公園を例にして——」『自治研究』85(11).

梅田次郎・小野達也・中泉拓也［2004］『行政評価と統計』日本統計協会.

会計検査問題研究会［1987］『業績検査手法の検討（中間報告）』.

会計検査問題研究会［1988］『業績検査手法の検討（中間報告その2）』.

会計検査問題研究会［1990］『業績検査に関する研究報告書』.

金井利之［1998］「空間管理」，森田朗編『行政学の基礎』岩波書店.

川瀬光義［2013］『基地維持政策と財政』日本経済評論社.

川滝豊［1989］「会計検査問題研究会と業績検査手法の開発」『会計検査研究』1.

佐々木亮［2010］『評価論理——評価学の基礎——』多賀出版.

篠原一［1977］『市民参加』岩波書店.

篠原一［2004］『市民の政治学——討議デモクラシーとは何か——』岩波書店.

島袋純［2014］「『沖縄振興体制』を問う——壊された自治とその再生に向けて——」法律文化社.

政策評価研究会［1999］『政策評価の現状と課題——新たな行政システムを目指して——』木鐸社.

武田丈［2015］『参加型アクションリサーチ（CBPR）の理論と実践——社会変革のための研究方法論——』世界思想社.

内藤和美［2012］「エンパワーメント」，社会教育・生涯学習辞典編集委員会編『社会教育・

生涯学習辞典』朝倉書店.

内藤和美・高橋由紀・山谷清志［2014］『男女共同参画政策の推進に向けた評価に関する調査研究』科学研究費助成事業研究成果報告書.

南島和久［2009］「NPM の展開とその帰結──評価官僚制と統制の多元化──」『日本評価研究』9(3).

西尾勝［1976］「政策評価と管理評価」『行政管理研究』2.

西尾勝［1990］『行政学の基礎概念』東京大学出版会.

西尾勝［2001］『行政学［新版］』有斐閣.

林考栄［1992］「英国地方自治体における監査のプライベティゼーションと VFM 監査」『会計検査研究』5.

平井太郎［2001］「評価はいかにして権力の渦中に棹さすか」『相関社会科学』11.

藤島薫［2014］『福祉実践プログラムにおける参加型評価の理論と実践』みらい.

本荘重弘［2011］「川西市における行政評価の取り組みとベンチマーキングの可能性」『日本評価研究』11(2).

毎熊浩一［2001］「NPM のパラドックス?」『年報行政研究』36.

益田直子［2010］『アメリカ行政活動検査院──統治機構における評価機能の誕生──』木鐸社.

松浦茂［2006］「沖縄の自治体財政と国の財政支出」『レファレンス』56(6).

松下光恵［2015］「男女共同参画推進と評価──静岡市女性会館の指定管理者としての経験から──」，内藤和美・山谷清志編『男女共同参画政策──行政評価と施設評価──』晃洋書房.

源由理子［2003］「エンパワメント評価の特徴と適用の可能性── Fetterman による『エンパワメント評価』の理論を中心に──」『日本評価研究』3(2).

源由理子［2008］「参加型評価の理論と実践」，三好皓一編『評価論を学ぶ人のために』世界思想社.

源由理子［2009］「評価の評価（メタ評価）──その概念整理──」，総務省行政評価局『諸外国における政策評価のチェックシステムに関する調査研究報告書』.

三野靖［2014］「公の施設の管理運営における委託制度と指定管理者制度の比較検討」，武藤博己編『公共サービス改革の本質──比較の視点から──』敬文堂.

宮川公男編［1969］『PPBS の原理と分析──計画と管理の予算システム──』有斐閣.

山崎幹根［2016］「領域における独自性と自立の可能性と課題」『年報行政研究』51.

山田礼子［2011］「特色 GP が初年次教育に及ぼした影響をみる」，絹川正吉・小笠原正明編『特色 GP のすべて──大学教育改革の起動──』財団法人大学基準協会.

山谷清志［1991］「プログラム評価の二つの系譜──評価研究と業績検査──」『会計検査研究』4.

山谷清志［2000］「評価の多様性と市民──参加型評価の可能性──」，西尾勝編『行政評価の潮流──参加型評価システムの可能性──』行政管理研究センター.

山谷清志［2006］『政策評価の実践とその課題──アカウンタビリティのジレンマ──』萌書房.

山谷清志［2009］「政策評価の『チェックシステム』の可能性」，総務省行政評価局『諸外国における政策評価のチェックシステムに関する調査研究報告書』.

山谷清志［2012］『政策評価』ミネルヴァ書房.

山谷清志［2016］「計画の実効性と評価システム」『ガバナンス』180.

渡瀬義男［2005］「米国会計検査院（GAO）の80年」『レファレンス』55(6).

【欧文献】

Arnstein, S. R. [1969] "A Ladder of Citizen Participation," *Journal of the America Institute of Planners*, 35(4).

Aucoin, P. [1988] "Contraction, Managerialism and Decentralization in Canadian Government," *Governance*, 1(2).

Australian Audit Office [1986] *General Statement on Performance Audit, Audit of Public Enterprises and Audit Quality,* endorsed by the Twelfth International Congress of Supreme Audit Institutions (Sydney, Australia 7-16 April 1986), Australian Government Publishing Service.

Barzelay, M. [1996] "Performance Auditing and the New Public Management: Changing Roles and Strategies of Central Audit Institutions," in OECD ed., *Performance Auditing and the Modernisation of Government,* Paris: OECD.

Bemelmans-Videc, M., Lonsdale, J. and Perrin, B. eds. [2007] *Making Accountability Work: Dilemmas for Evaluation and for Audit,* New Brunswick: Transaction.

Bickman, L. [2005] "Evaluation Research," in S. Mathison ed., *Encyclopedia of Evaluation,* Thousand Oaks: Sage.

Bryman, A. [1988] *Quantity and Quality in Social Research,* London: Unwin Hyman.

Campbell, D. T. [1969] "Reforms as Experiments," *American Psychologist,* 24(4).

Chelimsky, E. [1985] "Comparing and Contrasting Auditing and Evaluation: Some Notes on Their Relationship," *Evaluation Review,* 9(4).

Chouinard, J. A. and Cousins, J. B. [2014] "Conceptual and Practical Intersections between Participatory Evaluation and Qualitative Inquiry," in L. Goodyear, J. Jewiss, J. Usinger and E. Barela eds., *Qualitative Inquiry in Evaluation: From Theory to Practice,* San Francisco: Jossey-Bass.

Cousins, J. B. and Whitmore, E. [1998] "Framing Participatory Evaluation," *New Direc-*

tions for Evaluation, 80.

Creswell, J. W. [2014] *Research Design: Qualitative, Quantitative, and Mixed Methods Approaches,* 4th ed., Thousand Oaks: Sage.

Cronbach, L. J. [1982] *Designing Evaluations of Educational and Social Programs,* San Francisco: Jossey-Bass.

Datta, L. [1997] "A Pragmatic Basis for Mixed-Method Designs," *New Directions for Evaluation,* 74.

Day, P. and Klein, R. [1987] *Accountabilities: Five Public Services,* London: Tavistock.

Fetterman, D. M. [1994] "Empowerment Evaluation," *Evaluation Practice,* 15(1).

Fetterman, D. M. and Wandersman, A. eds. [2005] *Empowerment Evaluation Principles in Practice,* New York: The Guilford Press（笹尾敏明監訳，玉井航太・大内潤子訳『エンパワーメント評価の原則と実践——教育，福祉，医療，企業，コミュニティ介入プログラムの改善と活性化に向けて——』風間書房，2014年）.

Fournier, D. M. [2005] "Evaluation," in S. Mathison ed., *Encyclopedia of Evaluation,* Thousand Oaks: Sage.

Furubo, J. and Karlsson Vestman, O. [2011] "Evaluation: For Public Good or Professional Power?" in F. P. Eliadis, J. Furubo and S. Jacob eds., *Evaluation: Seeking Truth or Power?* New Brunswick: Transaction.

GAO [1999] *Inspectors General: Information on Operational and Staffing Issues,* Washington, D. C.: The Office.

Glynn, J. J. [1985] *Value for Money Auditing in the Public Sector,* Englewood Cliffs: Prentice-Hall（日本公認会計士協会公会計特別委員会訳『VFM 監査の理論と実際——財政健全化・経営革新のための新しい業績監査——』同文舘出版，1988年）.

Greene, J. C. [2005] "Mixed Methods," in S. Mathison ed., *Encyclopedia of Evaluation,* Thousand Oaks: Sage.

Greene, J. C. and Henry, G. T. [2005] "Qualitative-Quantitative Debate in Evaluation," in S. Mathison ed., *Encyclopedia of Evaluation,* Thousand Oaks: Sage.

Gregory, R. [2012] "Accountability in Modern Government," in B. G. Peters and J. Pierre eds., *The SAGE Handbook of Public Administration,* 2nd ed., London: Sage.

Gruber, J. E. [1988] *Controlling Bureaucracies,* Berkeley: University of California Press.

Guba, E. G. and Lincoln, Y. S. [1989] *Fourth Generation Evaluation,* Newbury Park: Sage.

Hammersley, M. [1992] "Deconstructing the Qualitative-Quantitative Divide," in J. Brannen ed., *Mixing Methods: Qualitative and Quantitative Research,* Aldershot: Avebury.

Hart, R. A. and Rajbhandary, J. [2003] "Using Participatory Methods to Further the Democratic Goals of Children's Organizations," *New Directions for Evaluation*, 98.

Hatry, H. P. [1999] *Performance Measurement: Getting Results*, Washington, D. C.: Urban Institute（上野宏・上野真城子訳『政策評価入門――結果重視の業績測定――』東洋経済新報社，2004年）.

Hedrick, T. E. [1994] "The Quantitative-Qualitative Debate: Possibilities for Integration," *New Directions for Program Evaluation*, 61.

Herman, J. L., Morris, L. L. and Fitz-Gibbon, C. T. [1987] *Evaluator's Handbook*, Newsbury Park: Sage.

Hood, C. [1991] "A Public Management for All Seasons?" *Public Administration*, 69(1).

Hood, C. [1999] *Regulation Inside Government: Waste-Watchers, Quality Police, and Sleazebusters*, Oxford: Oxford University Press.

House, E. R. and Howe, K. R. [2000] "Deliberative Democratic Evaluation," *New Directions for Evaluation*, 85.

Hunter, D. E. K. and Nielsen, S. B. [2013] "Performance Management and Evaluation: Exploring Complementarities," *New Directions for Evaluation*, 137.

Ianni, F. A. J. and Orr, M. T. [1979] "Toward a Rapprochement of Quantitative and Qualitative Methodologies," in T. D. Cook and C. S. Reichardt eds., *Qualitative and Quantitative Methods in Evaluation Research*, Beverly Hills: Sage.

Lincoln, Y. S. [2005] "Fourth-Generation Evaluation," in S. Mathison ed., *Encyclopedia of Evaluation*, Thousand Oaks: Sage.

Ling, T. and Dijk, L. V. eds. [2009] *Performance Audit Handbook: Routes to Effective Evaluation*, Santa Monica: RAND Corporation.

Lonsdale, J. [2011] "Introduction," in J. Lonsdale, P. Wilkins and T. Ling eds., *Performance Auditing: Contributing to Accountability in Democratic Government*, Cheltenham: Edward Elgar.

Lonsdale, J. and Bemelmans-Videc, M. [2007] "Introduction; Accountability: the Challenges for Two Professions," in M. Bemelmans-Videc, J. Lonsdale and B. Perrin eds., *Making Accountability Work: Dilemmas for Evaluation and for Audit*, New Brunswick: Transaction.

Lonsdale, J., Wilkins, P. and Ling, T. eds. [2011] *Performance Auditing: Contributing to Accountability in Democratic Government*, Cheltenham: Edward Elgar.

MacDonald, B. [1976] "Evaluation and the Control of Education," in D. Tawney ed., *Curriculum Evaluation Today: Trends and Implications*, London: Macmillan.

Mark, M. M. and Shotland, R. L. [1985] "Stakeholder-Based Evaluation and Value

Judgments," *Evaluation Review*, 9(5).

Meijer, A. [2014] "Transparency," in M. Bovens, R. E. Goodin and T. Schillemans eds., *The Oxford Handbook of Public Accountability*, Oxford: Oxford University Press.

Merriam, S. B. and Simpson, E. L. [2000] *A Guide to Research for Educators and Trainers of Adults*, 2nd ed. (updated), Malabar: Krieger（堀薫夫監訳『調査研究法ガイドブック──教育における調査のデザインと実施・報告──』ミネルヴァ書房，2010年）.

Mosher, F. C. [1979] *The GAO: the Quest for Accountability in American Government*, Boulder: Westview Press.

Mosher, F. C. [1984] *A Tale of Two Agencies: a Comparative Analysis of The General Accounting Office and the Office of Management and Budget*, Baton Rouge: Louisiana State University Press.

Nevo, D. [1995] *School-Based Evaluation: A Dialogue for School Improvement*, Tarrytown: Pergamon.

OECD [1996] *Performance Auditing and the Modernisation of Government*, Paris: OECD.

OECD [1999] *Improving Evaluation Practices: Best Practice Guidelines for Evaluation and Background Paper*, Paris: OECD.

OECD [2005] *Modernising Government: The Way Forward*, Paris: OECD（平井文三訳『世界の行政改革──21世紀型政府のグローバル・スタンダード──』明石書店，2006年）.

Osborne, D. and Gaebler, T. [1992] *Reinventing Government: How the Entrepreneurial Spirit Is Transforming the Public Sector*, Reading: Addison-Wesley（野村隆監修・高地高司訳『行政革命』日本能率協会マネジメントセンター，1995年）.

Patton, M. Q. [1994] "Developmental Evaluation," *Evaluation Practice*, 15(3).

Patton, M. Q. [1997] *Utilization-Focused Evaluation: The New Century Text*, 3rd ed., Thousand Oaks: Sage.

Perrin, B. [2007] "Towards a New View of Accountability," in M. Bemelmans-Videc, J. Lonsdale and B. Perrin eds., *Making Accountability Work: Dilemmas for Evaluation and for Audit*, New Brunswick: Transaction.

Pollitt, C., Girre, X., Lonsdale, J., Mul, R., Summa, H. and Waerness, M. eds. [1999] *Performance or Compliance?: Performance Audit and Public Management in Five Countries*, Oxford: Oxford University Press.

Posner, P. L. and Shahan, A. [2014] "Audit Institutions," in M. Bovens, R. E. Goodin and T. Schillemans eds., *The Oxford Handbook of Public Accountability*, Oxford: Oxford

University Press.

Power, M. [1997] *The Audit Society: Rituals of Verification,* Oxford: Oxford University Press（國部克彦・堀口真司訳『監査社会――検証の儀式化――』東洋経済新報社, 2003年).

Punch, K. F. [1998] *Introduction to Social Research: Quantitative and Qualitative Approaches,* Thousand Oaks: Sage（川合隆男監訳『社会調査入門――量的調査と質的調査の活用――』慶應義塾大学出版会, 2005年).

Reichardt, C. S. and Cook, T. D. [1979] "Beyond Qualitative versus Quantitative Methods," in T. D. Cook and C. S. Reichardt eds., *Qualitative and Quantitative Methods in Evaluation Research,* Beverly Hills: Sage.

Robinson, D. Z. [1971] "Government Contracting for Academic Research: Accountability in the American Experience," in B. L. R. Smith and D. C. Hague eds., *The Dilemma of Accountability in Modern Government: Independence versus Control,* London: Macmillan.

Rossi, P. H. [1994] The War between the Quals and the Quants: Is a Lasting Peace Possible? *New Directions for Program Evaluation,* 61.

Rossi, P. H., Lipsey, M. W. and Freeman, H. E. [2004] *Evaluation: A Systematic Approach,* 7th ed., Thousand Oaks: Sage（大島巌・平岡公一・森俊夫・元永拓郎訳『プログラム評価の理論と方法――システマティックな対人サービス・政策評価の実践ガイド――』日本評論社, 2005年).

Sabo, K. [2003] "Editor's Notes," *New Directions for Evaluation,* 98.

Schick, A. [1971] "From Analysis to Evaluation," *The Annals of the American Academy of Political and Social Science,* 394.

Schwandt, T. A. [2005] "Auditing," in S. Mathison ed., *Encyclopedia of Evaluation,* Thousand Oaks: Sage.

Schwandt, T. A. and Halpern, E. S. [1988] *Linking Auditing and Metaevaluation: Enhancing Quality in Applied Research,* Newbury Park: Sage.

Smith, B. L. R. [1971] "Accountability and Independence in the Contract State," in B. L. R. Smith and D. C. Hague eds., *The Dilemma of Accountability in Modern Government: Independence versus Control,* London: Macmillan.

Sttufflebeam, D. L. [2005] "CIPP Model (Context, Input, Process, Product)," in S. Mathison ed., *Encyclopedia of Evaluation,* Thousand Oaks: Sage.

Stufflebeam, D. L. and Coryn, C. L. S. [2014] *Evaluation Theory, Models, and Applications,* 2nd ed., San Francisco: Jossey-Bass.

Stufflebeam, D. L. and Shinkfield, A. J. [2007] *Evaluation Theory, Models, and Applica-*

tions, San Francisco: Jossey-Bass.

Travers, M. [2007] *The New Bureaucracy: Quality Assurance and its Critics,* Bristol: Policy.

Voakes, L. [2003] "Listening to the Experts," *New Directions for Evaluation,* 98.

Whyte, W. F. ed. [1991] *Participatory Action Research,* Newbury Park: Sage.

Wisler, C. ed. [1996] *Evaluation and Auditing: Prospects for Convergence,* San Francisco: Jossey-Bass.

索　引

《著者紹介》

橋 本 圭 多（はしもと けいた）

1989年生まれ.
同志社大学大学院総合政策科学研究科博士後期課程単位取得退学. 博士（政策科学）.
現在，神戸学院大学法学部准教授.

主要業績

「政策過程における行政責任論の諸相──原子力政策をめぐる専門家のアカウンタビリ
ティ──」『公共政策研究』12，2012年.
『男女共同参画政策──行政評価と施設評価──』（共著），晃洋書房，2015年.
「中央地方関係における評価と統制──内閣府の沖縄政策を事例として──」『評価クォ
ータリー』40，2017年.

ガバナンスと評価 1
公共部門における評価と統制

| 2017年 7 月30日　初版第 1 刷発行 | ＊定価はカバーに |
| 2019年 4 月15日　初版第 2 刷発行 | 　表示してあります |

著 者　　橋 本 圭 多 ©

発行者　　植 田 　 実

印刷者　　江 戸 孝 典

発行所　株式会社　晃 洋 書 房

〒615-0026 京都市右京区西院北矢掛町 7 番地
電話　075（312）0788番（代）
振替口座　01040-6-32280

装丁　クリエイティブ・コンセプト　印刷・製本　㈱エーシーティー
ISBN978-4-7710-2907-1